ENTRENADORES CONSUMADOS

Bill Belichick
y
Jesucristo

TRACY EMERICK, Ph.D.

BOOKSIDE Press

Copyright © 2024 por Tracy Emerick, Ph.D.

ISBN: 978-1-77883-373-1 (Rústica)
       978-1-77883-374-8 (Tapa Dura)
       978-1-77883-372-4 (Libro electrónico)

Todos los derechos reservados. Ninguna parte de esta publicación puede ser reproducida, distribuida o transmitida en forma alguna ni por ningún medio, incluidos el fotocopiado, la grabación u otros métodos electrónicos o mecánicos, sin el permiso previo por escrito del editor, excepto en el caso de citas breves incluidas en reseñas críticas y otros usos no comerciales permitidos por la ley de derechos de autor.

Las opiniones expresadas en este libro son exclusivamente las del autor y no reflejan necesariamente los puntos de vista del editor, por lo que éste declina toda responsabilidad al respecto.

BookSide Press
877-741-8091
www.booksidepress.com
orders@booksidepress.com

Índice

Introducción	1
Capítulo 1: Todo Gira en Torno al Núcleo	5
Capitulo 2: La Mano	10
Capitulo 3: La Cabeza	15
Capítulo 4: El corazón del entrenador consumado	19
Capítulo 5: Lecciones del Agua	26
Capítulo 6: La Oveja Perdida	37
Capítulo 7: El Mejor Entrenador del Nuevo Milenio	45
Capítulo 8: Jesucristo:El Siervo Consumado Entrenador	55
Capítulo 9: Belichick y Jesús:Las Características de los Entrenadores Consumados	63
Capítulo 10: Liderazgo	68
Capítulo 11: ¿Y qué?	74

DEDICACIÓN:

A mi hijo, Donny Emerick, y a mi hija, Tracey Boies.

Introducción

Piensa en alguien a quien consideres tu entrenador vital. ¿Quién sería?

Tu coach vital es alguien que te allanó el camino para que aprendieras los trucos de la vida. Podría ser alguien que te llevó al éxito profesional, que te empujó cuando perdiste la confianza en ti mismo, alguien que creyó que podías llegar a lo más alto. Tu life coach es alguien que te impartió las lecciones más importantes de tu vida, y esas lecciones las guardas como defensa contra los muchos retos y dolores de la vida.

Simplificando, esa persona te inspiró para convertirte en la mejor persona que podrías llegar a ser.

Tu mentor personal no tiene por qué ser un orador inspirador o una persona influyente. Puede ser tu mentor del instituto, tu profesor de primaria, tu hermano, un pariente o tus padres. Tu mentor es alguien que te enseñó lecciones importantes que te sirvieron de brújula para vivir tu vida. Tu entrenador dejó una huella indeleble en tu espíritu.

Como en un juego, tu entrenador te ha entrenado para convertirte en el mejor "atleta" mientras recorres los difíciles senderos de la vida. Este entrenador te ha enseñado disciplina, trabajo en equipo, confianza, automotivación y todas las demás habilidades necesarias para sobrevivir y prosperar.

Según la Enciclopedia Británica, un entrenador es aquel que enseña y entrena a los miembros de un equipo deportivo y toma decisiones sobre cómo juega el equipo durante un partido. Tres palabras dignas de mención: Enseñar, Entrenar y Tomar Decisiones.

En el ámbito deportivo, el papel de un entrenador va más allá de inspirar a la gente. Un entrenador deportivo es alguien que enseña a sus miembros trucos y consejos para derrotar al equipo contrario.

Esto requiere que el entrenador tenga amplios conocimientos y experiencia para impartir algo. Se hace responsable del rendimiento, el éxito o el fracaso de cada uno de los miembros de su equipo.

Un entrenador entrena a los miembros de su equipo para que adquieran la agilidad, la potencia, la competencia, la flexibilidad y todas las demás innumerables habilidades necesarias para alcanzar el objetivo del equipo en un deporte específico. Por último, un entrenador decide quién debe jugar el partido y cómo debe jugarse. En el fútbol, el entrenador asigna un número específico a cada jugador que determina las posiciones de los futbolistas, basándose en los puntos fuertes y las habilidades de los jugadores.

Dicho esto, un entrenador debe poseer tres habilidades vitales: Habilidades de Profesor, Habilidades de Entrenador y Habilidades de Toma de Decisiones.

En este libro exploraremos cada una de ellas y cómo pueden cambiar nuestras vidas.

En este libro, mi objetivo es diseccionar las muchas definiciones y puntos de vista importantes de un coach y lo importante que es tener un coach en nuestras vidas para que nos guíe a través de los muchos obstáculos a los que nos enfrentamos cada día. La vida es un juego. Como en los deportes, debes estar bien orientado con las reglas del juego, la mecánica para conseguirlo y las formas de tener éxito en él.

Como los jugadores de fútbol, te entrenas para mantener el balón cerca de tu portería y te esfuerzas por lanzarlo a gol. Varias veces fracasarás. Pero no puedes morir en el intento. Debes aceptar la realidad de que nadie nace solo con el don de alcanzar esa meta. Así que permíteme hacer hincapié en esto: Nuestra vida necesita un entrenador que nos marque una dirección adecuada y nos guíe en los momentos difíciles. *Nuestro entrenador es alguien que nos ayudará a navegar a través de las tormentas de la vida.*

En muchas partes, este libro utilizará la vida de dos importantes personalidades: Bill Belichick, nombrado el mejor entrenador de Estados Unidos, y Jesucristo, el hombre detrás de la religión más grande del mundo. Jesucristo, nacido hace más de dos mil años, fue un entrenador de vida para 12 discípulos. Hoy, inspira a 2.000 millones de almas en todo el planeta difundiendo amor y salvación.

Bill Belichick es considerado el mejor entrenador de todos los tiempos, que batió el récord de victorias en la Super Bowl en el nuevo milenio como entrenador jefe. En la actualidad, inspira a muchos atletas que desean alcanzar grandes éxitos en diversos campos del deporte difundiendo humildad y pasión.

Los métodos de entrenamiento de estas dos personas están muy vivos hoy en día. ¿En qué se parecen sus estrategias como entrenadores? ¿Cómo lograron ambos la grandeza? ¿Cómo podemos anclar nuestras vidas a las diversas enseñanzas, entrenamiento y habilidades de toma de decisiones de Belichick y Jesucristo, para aportar nuestro mejor juego y convertirnos en los mejores jugadores de este complicado juego llamado vida?

En este libro, identificaremos las diversas cualidades de nuestros entrenadores consumados y determinaremos los diferentes tipos de entrenadores para que nos iluminen y nos preparen para convertirnos nosotros mismos en entrenadores.

Mantén la mente abierta y sigue las distintas historias -antiguas y nuevas-, desde la vida del hombre llamado Jesús hasta el Bill Belichick de esta generación, a medida que establecemos un paralelo entre sus vidas y distintas figuras y escenarios, y vemos lo que se necesita para ser un entrenador consumado.

-Tracy

Capítulo 1

Todo Gira en Torno al Núcleo

Bill Belichick, entrenador profesional de fútbol americano, entrenador jefe y director general de los New England Patriots de la Liga Nacional de Fútbol Americano (NFL), dice esta cita de oro sobre ser jugador:

"El talento marca el suelo, el carácter marca el techo".

No se puede negar. Belichick, nombrado *"mejor entrenador de todos los tiempos"*, sabe muy bien que uno puede poseer grandes talentos y habilidades, pero al final del día hay un elemento decisivo que puede transformar a *los grandes jugadores en modelos a seguir, las profesiones en legados duraderos, los trofeos en inspiración eterna y los logros en vidas transformadas*. El carácter establece el techo, porque sin el techo, de hecho, el suelo no sirve para nada.

Convertirse en entrenador -como esos numerosos entrenadores que llevaron al éxito a sus equipos- requiere las habilidades y el talento necesarios para alcanzar un objetivo. Un entrenador debe tener experiencia, ganas, conocimiento del deporte y disciplina para estar cualificado en lo que hace.

Aunque hay mucho que decir sobre los elementos mencionados, este libro no se ocupará mucho de esas cualificaciones que hacen a los entrenadores normales y "buenos", sino que descubriremos las cualificaciones -*el carácter que marca el techo*- de un entrenador consumado. Estudiaremos a los "entrenadores extremos" que no sólo crearon equipos ganadores en el ámbito del deporte y de la vida, sino que también transformaron las vidas de los demás.

En la introducción de este libro, definimos qué es un coach. Dedujimos dos frases vitales para nosotros a la hora de estudiar a los entrenadores consumados: Un coach *enseña, entrena y toma decisiones*. De esto deducimos que un entrenador necesita llevar tres sombreros en el trabajo: *habilidades para enseñar, habilidades para entrenar y habilidades para tomar decisiones*.

Pero cuando hablamos de entrenadores consumados, nos referimos a entrenadores que van más allá de esos tres sombreros. Vamos a profundizar en los entrenadores que no sólo dejaron huella en el ámbito del deporte, sino que dejaron una huella indeleble en la vida de las personas.

Pero antes, ¿qué define a un entrenador? Dos aspectos indispensables representan a un "buen" entrenador. Yo los llamo: la mano y la cabeza. Se explican a continuación.

La Mano

El primero es la *Mano*, que se refiere a las habilidades físicas que hacen que un entrenador sea bueno. Aquí es donde entran en juego las habilidades de enseñanza y entrenamiento. Aquí es donde entra en juego la habilidad de "jugador" del entrenador. La *mano* es vital en el entrenamiento. Es la disciplina diaria, el trabajo duro, el sudor, la sangre y las lágrimas. Pero también consiste en asumir la responsabilidad cuando algo sale mal.

Utilizando la construcción de edificios como analogía, la Mano representa a los obreros de la construcción que utilizan sus habilidades y su fuerza para construir una estructura. Construyen los componentes básicos de la estructura de un edificio: los cimientos, los suelos, las paredes, las vigas, las columnas, el tejado, las escaleras, etc. La *Mano ejecuta* el plan. La *Mano* mantiene las cosas intactas. Sin la Mano, todo es sólo un plan sobre un plano.

La Cabeza

El segundo representa la *Cabeza*, el aspecto intelectual del entrenador. Se refiere a la capacidad del entrenador para tomar decisiones. En un partido, el entrenador decidirá qué jugadores van primero y qué jugadores van últimos. El entrenador decide la posición de cada jugador y determina sus diversas habilidades y competencias. Los puntos fuertes y débiles se equilibran adecuadamente para mantener el equipo a flote.

Utilizando la analogía de la construcción de edificios, se trataría de los ingenieros encargados de diseñar los sistemas de construcción, inspeccionar los planos y diseños del proyecto, gestionar los calendarios y recursos del proyecto, hacer los cálculos de costes y las previsiones financieras, etcétera. Se necesita agudeza mental para mantener el proyecto en marcha y llegar a un resultado. El *Jefe* planifica, decide y dirige.

Los "buenos" entrenadores seguramente poseen los dos elementos de los que hablamos. No sólo conocen los trucos en el campo como jugadores, sino que también saben cómo elaborar estrategias para lograr grandes éxitos.

Sin embargo, la cita de Bill Belichick al principio de este capítulo nos dice que hay algo más allá del aspecto de la *Mano* y la *Cabeza*. Sí, un buen entrenador es hábil, tiene talento, tiene capacidad para ganar un partido. También puede tener la energía, la confianza y el poder para llevar a un equipo a grandes alturas. Pero cuando hablamos de "grandes" entrenadores consumados, ya no se trata sólo de la mano y la cabeza. Otro elemento entra en escena.

El último es el que forja el carácter que establece el techo. Se llama Corazón.

Figura 1. Combinación de caracteres 3Hs (o elementos)

Figura 1. Un entrenador consumado tiene el carácter distintivo de combinar las fuerzas de la Cabeza, el Corazón y la Mano. El Corazón está situado en el centro y en la parte superior de la figura, lo que explica que el Corazón esté posicionado para crear cohesión entre la Cabeza y la Mano. El Corazón une todos los aspectos fuertes de un entrenador consumado.

El Corazón

El Corazón, el núcleo de un entrenador, es lo que Billy Belichick intentaba explicar. Es el corazón el que forja el carácter y motiva e impulsa a las personas hacia un gran éxito. Es el corazón el que transforma a los jugadores normales en grandes. Es el corazón el que convierte a los "buenos" entrenadores normales en entrenadores consumados.

En mi otro libro, *"Emprendedores extremos: Jesucristo y Steve Jobs",* escribí un mensaje sobre lo que impulsa a los dos empresarios extremos: Jesucristo y Steve Jobs. Uno nació hace 2000 años y ahora tiene 2.000 millones de creyentes, mientras que el otro nació en nuestra generación y dejó un legado tecnológico para el futuro. En el capítulo titulado "Alma", expliqué lo que tienen en común ambas personalidades. Para que estos dos emprendedores dejaran *huella en el universo* (como dijo Steve Jobs), el principal motor común de ambos era este aspecto: *su alma*.

Sin el impulso del alma, no se puede determinar el propósito exacto de una empresa. En ese libro, varias circunstancias demuestran que ambos estaban impulsados no por el dinero o la fama. Les impulsaba el alma a realizar grandes tareas.

Mientras tanto, hay una vieja cita que dice: "La mente es el teatro del alma". Esto significa que todo lo que el alma concibe, la mente lo refleja. Ambos aspectos se reflejan. Así pues, cuando te dejes llevar por tu corazón, debes saber que es lo que te dice el alma.

Cuando te dejas llevar por tu corazón, casi todo es posible. Nos volvemos incansables y no nos cansamos. Nos volvemos entusiastas y motivados. Nos volvemos poderosos. Esto es lo que poseen los grandes entrenadores, y esto es lo que les ha llevado al pedestal. Pero no se trata sólo del corazón por el deporte. Se trata del corazón por cada persona del equipo y del impulso no sólo para ganar el partido, sino para cambiar sus vidas.

Cuando nos dejamos llevar por nuestro corazón, cambiamos vidas. Nuestros corazones crean una dirección que motiva a nuestra *Mano y a nuestra Cabeza* a perseguir y alcanzar un cierto nivel de perfección. Es la gasolina la que bombea la Mano y la Cabeza para que despierten y se inspiren. Sin embargo, sin el corazón, la Mano y la Cabeza pueden seguir funcionando, pero no alcanzarán el nivel "consumado" que esperamos de un entrenador y que intentamos desentrañar en este libro.

La buena verdad es que un entrenador consumado no aspira realmente a inspirar. Como el corazón le impulsa a entrenar a sus miembros, la inspiración fluye de forma natural sin que él lo intente. Su carácter se convierte en un modelo para sus miembros, de hecho, los miembros se identifican con él.

Veamos en los próximos capítulos qué características tiene Jesús mientras desvelamos la pregunta: ¿Cómo utilizó Jesús sus tres elementos? ¿Qué hace a un entrenador consumado?

Capítulo 2

La Mano

Ahora que hemos aprendido los fundamentos de los tres elementos, es imperativo que conozcamos las características de un entrenador consumado a través de cada categoría. Conocerlas nos ayudará a determinar qué diferencia al entrenador consumado de los buenos entrenadores normales.

El primero es la *Mano*: se refiere a las aptitudes físicas que hacen que un entrenador sea excelente. La disciplina diaria, el trabajo duro, el sudor, la sangre y las lágrimas. Nómbralo. Es la habilidad de los obreros de la construcción, los escultores, los soldadores, los mecánicos, los cajeros, los conductores de autobús, todas esas personas cuyas manos -*literalmente*- dirigen a diario las operaciones de una empresa.

Sin embargo, un entrenador consumado conoce este conjunto de habilidades mucho mejor que nadie. La Mano es el mantra de un entrenador consumado. Es la *percepción en acción*. En este capítulo, vamos a analizar cada una de las perspectivas de un entrenador consumado en términos de trabajo duro y dedicación al oficio, lo que le hace estar por encima de los demás. Y al final de este capítulo, veremos por nosotros mismos el significado de estas características de la Mano y nos enseñarán lecciones de oro que nos equiparán como individuos.

Inconformidad con la Comodidad

Muchos miembros de un equipo piensan que cuando ya han superado un determinado nivel de evaluación o pericia, las cosas se les van a poner fáciles. Un coach consumado piensa lo contrario.

Para el entrenador consumado, la vida es una batalla interminable que se libra cada día. Y se hace aún más dura. No se detiene para *conformarse con la comodidad*. Los entrenadores tienen la tendencia a tratar el éxito de forma diferente: cuando se alcanza el éxito, se duermen en los laureles y lo celebran. Hay un cierto nivel de comodidad y confianza, una mentalidad de "lo conseguimos, podemos hacerlo la próxima vez". Pero no es así como piensan los entrenadores consumados.

La ex campeona olímpica y de la WNBA Kara Lawson dice esto en uno de sus vídeos de motivación en la Universidad de Duke:

"Estuve hablando con Shay hace un par de días, y una de las cosas de las que hablamos fue de cómo todos esperamos en la vida a que las cosas sean más fáciles. Piensa en tu propia vida si has esperado a que algo fuera más fácil. [Una mentalidad como] *'Oh sólo tengo que pasar por esto entonces será fácil.' Es lo que hacemos.* Esperamos a que las cosas sean más fáciles. Nunca será más fácil. Lo que pasa es que manejas mejor lo difícil".

Cuando tenemos éxito en la vida, la vida no se detiene. Más aún, estamos llamados a más. La mentalidad de un entrenador consumado es buscar constantemente más retos hasta el punto de sentirse incómodo en una zona de confort. Para un entrenador consumado, cada día es una búsqueda constante.

Mejorar Cada Día

Cada día es una oportunidad de crecimiento para nuestros entrenadores consumados. Día tras día, su objetivo *es mejorar*.

En una entrevista, la estrella del baloncesto Kobe Bryant fue preguntado por su motivación y su filosofía de vida. El difunto icono del baloncesto dijo: *"Me prometí a mí mismo que iba a trabajar duro cada día... Y eso era lo más importante para mí: no dejar piedra sin remover y mejorar cada día. Si vivía así con el tiempo, tendría algo que sería hermoso. Esa era mi filosofía... si vives tu vida sólo para mejorar cada día, y haces eso durante 20 años... ¿qué tienes?".*

Un entrenador consumado tiene la misma mentalidad: cada día es una oportunidad de aprendizaje y desarrollo. Incluso cuando el mundo cree que el entrenador consumado ha alcanzado todo su potencial, un entrenador consumado no lo cree. No pone límites a las posibilidades. Siempre, siempre, hay espacio para el crecimiento.

La conclusión es: Cuando creas que has alcanzado lo mejor, piensa que hay algo *más grande que lo mejor*. El entrenador consumado es incansable y nunca se conforma; siempre está sediento de progreso personal y de equipo.

El Alto Nivel

Los estándares y la ética de un entrenador consumado son más elevados que los de los entrenadores medios. Va más allá de lo ordinario y se exige a sí mismo un nivel de exigencia superior, lo que explica la perfección de su trabajo.

El Dr. Rick Rigsby, un conferenciante de fama internacional, dijo en su discurso de motivación: *"Para tener una vida extraordinaria, tienes que tener una psicología extraordinaria. Una psicología extraordinaria significa que tienes que vivir en un estado extraordinario. Para estar en un estado extraordinario, tienes que condicionar tu sistema nervioso, tu cuerpo, tu fisiología y tu concentración para que sean óptimos. Pero para hacer eso... ¡puedes hacerlo! No es que no puedas. Todos tenemos la capacidad. Es por nuestros estándares".*

Esta afirmación es fiel a la descripción de un entrenador consumado. Un entrenador consumado cree que para lograr algo, hay que buscar un punto alto de nivel. No se conforma con la mediocridad. Sus objetivos van más allá de lo que otros se fijan.

Figura 2. Escalera hacia el éxito del entrenador consumado

Una poderosa cita de nuestro consumado entrenador Bill Belichick resume la importancia de tener un listón muy alto para un equipo. Una de las citas célebres de Belichick: *"Esto no será suficientemente bueno. Hoy no ha sido suficiente. Tampoco será lo suficientemente bueno contra nadie más"* pone de relieve la importancia de establecer un alto nivel a diario, de lo contrario, perder es el camino a seguir.

Trabajo Duro y Humildad

Hay un refrán que dice: *"El trabajo duro supera al talento cuando el talento no trabaja duro"*. Hay mucho que decir sobre el trabajo duro en relación con un entrenador consumado. Pero un entrenador consumado no se basa únicamente en el talento. Él hace el trabajo de campo.

No hay nadie más sinónimo de humildad que Jesús. Desde su nacimiento, Jesús tuvo que superar los dolores de la pobreza y recorrió su camino para establecer el cristianismo. Sabía que era el Hijo de Dios, el Mesías, pero Jesús no se hizo nacer como Rey. Ni nació de reyes y reinas ni vivía en un lujoso palacio. Piensa en esto. Jesús podría haber elegido nacer cómodamente y vivir una vida fastuosa. El pudo haber escogido nacer en un lugar donde pudiera influenciar a otros facilmente. Sin sudor, ¿verdad? No hay necesidad de esforzarse para ganar influencia.

En lugar de eso, nació en un pesebre, el lugar más pobre en el que uno podría nacer. Nació en la pobre ciudad de Nazaret, una ciudad desconocida para el mundo, de padres pobres y plebeyos. Nazaret es una ciudad inaccesible rodeada de colinas, no tenía suficiente suministro de agua, por lo que la agricultura en terrazas es limitada. Dicho esto, la comida no abunda en la zona.

Conociendo su situación, Jesús sabía que tenía que trabajar duro para conseguirlo. Imagínate. La magnitud de la influencia del cristianismo en la actualidad comenzó a partir de un único *pesebre* desgastado, una caja de la que comen el ganado y los caballos. Esto sólo demuestra que Jesús soportó los dolores de la pobreza y se abrió camino para establecer la religión más influyente del mundo con la mayor humildad.

La Biblia ilustra muchos ejemplos del duro trabajo de Jesús. Juan 5:16-18 habla de los líderes judíos que lo persiguieron por trabajar en sábado. Jesús les respondió diciendo: *"Mi Padre está siempre trabajando hasta el día de hoy, y yo también estoy trabajando"*.

Si necesitamos inspiración para el trabajo duro, pensemos en el consumado entrenador que nació en un pesebre, y reflexionemos sobre el duro trabajo que tuvo que soportar.

Capitulo 3

La Cabeza

Como aprendimos en el capítulo anterior, el segundo elemento representa la *Cabeza,* el aspecto intelectual de un entrenador. Se refiere a la capacidad del entrenador para tomar decisiones.

La toma de decisiones refleja el intelecto. Antes de llegar a una decisión, se tienen en cuenta varios factores. Una persona resumirá todas esas consideraciones -sopesando pros y contras- y los diversos aspectos en su mente antes de que tenga lugar una acción. Por lo tanto, la toma de decisiones refleja la *Cabeza* de un entrenador consumado. La fortaleza mental y la agudeza pueden medirse a través de las decisiones que un entrenador ha tomado o tomará.

La toma de decisiones es vital a la hora de entrenar, ya sea en un partido o en la vida en general. Puede hacer o deshacer un equipo, una persona o una organización. Por ejemplo, el entrenador decide la posición de cada jugador y determina sus distintas habilidades y competencias antes de hacerlo. Posicionar a los jugadores es una estrategia que puede significar el éxito o el fracaso del grupo.

El Jefe requiere una gran agudeza mental para mantener el proyecto en marcha y llegar a un resultado. Como hemos aprendido, el Jefe planifica, decide y dirige.

Brent McHugh, Director General de Christar International, es quien mejor resume el mejor consejo para los líderes en relación con la toma de decisiones, escrito en el sitio web de Forbes.com. Lo he adoptado aquí con la convicción de que nuestro consumado entrenador es el mejor en todos los aspectos aquí escritos:

Como líder, te enfrentas a una plétora de decisiones a lo largo de cada día, semana, mes y año. Estas decisiones -grandes y pequeñas por igual- pueden afectar a quienes le rodean o incluso a grandes redes de personas.

Una vez, como nuevo líder, participé en una reunión en la que mi equipo tenía que elegir una plataforma de comunicación para toda nuestra red. No había participado en las discusiones previas que habían conducido a esta reunión, pero pensé que estaba preparado para tomar la decisión. No me di cuenta de que estaba tomando una decisión sin contar con la información adecuada. Casi 10 años después, la plataforma que elegí sigue siendo un albatros alrededor de mi cuello. A modo de reflexión, ahora comparto lo que he aprendido de otros.

Hay cinco claves para la toma de decisiones que todo líder debería tener en su caja de herramientas:

1. **Información.**

    No emprendas ninguna acción hasta que hayas reunido la cantidad adecuada de datos. La inversión que necesites hacer en mirar, escuchar y aprender variará en función del impacto potencial de la decisión sobre los demás.

2. **Humildad.**

    Un líder fuerte toma decisiones desde una posición de auténtica humildad. No eres la persona que más sabe sobre todos los temas que pasan por tu mesa o llegan a tu bandeja de entrada. Llevar el tema en cuestión a un grupo de "consejeros" es una buena práctica para asegurarse de que lo ve claro.

3. **Perspectiva.**

    Cada asunto que abordas tiene múltiples capas y un buen líder trata de comprender cada faceta, así como el marco en el que existe el asunto. Considerar factores como los contextos emocional, histórico y cultural es crucial para tomar las mejores decisiones.

4. **La cultura.**

    Un liderazgo fructífero implica crear una cultura que propicie una buena toma de decisiones en nuestro mundo en rápida evolución. Esto requiere pensar horizontalmente en su equipo y rechazar un proceso de toma de decisiones de arriba abajo, así como tener un compromiso con el aprendizaje permanente.

5. **Planificar.**

    Tener un plan (piense en un plan Lean Canvas) que se adapte rápidamente a las realidades actuales y nuevas es una piedra angular para una buena toma de decisiones. Además, los bucles de retroalimentación viables le ayudarán a alcanzar el objetivo que se propone.

Hace poco hablaba con un colega sobre la humildad en la toma de decisiones. Me contó cómo había visto a un director regional poner en práctica este principio clave al emprender una nueva iniciativa.

Este líder se dirigía al miembro del equipo con más experiencia en la habilidad necesaria para cumplir el objetivo y luego ponía a este "experto del equipo" a cargo de la iniciativa. Según mi colega, ésta era una práctica duradera que le ha beneficiado, ya que ahora es el líder de esa misma región. Recuerde que no siempre tiene que ser usted el experto. Otros miembros de su equipo pueden actuar como personas de referencia, permitiéndole a usted y a los que dirige beneficiarse de su experiencia y sabiduría.

Hay muchas otras cosas que puede hacer para llegar a una decisión eficaz. Sin embargo, si se centra en estas cinco claves, tendrá un buen comienzo.

Belichick, Jesús y la Toma de Decisiones

Bill Belichick, como entrenador, ha experimentado todas las decisiones buenas y malas de la vida. Dice lo siguiente sobre la toma de decisiones: "Siempre podemos mirar hacia atrás y cuestionar las cosas que se hicieron o no se hicieron, pero yo diría que realmente lo más importante para nosotros es mirar las decisiones futuras y tratar de tomar las mejores que podamos".

Las malas decisiones forman parte del liderazgo. Aprendemos y crecemos a partir de ellas. Una vez que aprendemos de ellas, lo aprendido nos capacita para tomar las mejores decisiones". Belichick prefiere tomar decisiones difíciles a regodearse en los *"y si..."*.

Jesús, por su parte, también tomó decisiones difíciles. Su toma de decisiones estaba anclada en la Palabra de Su Padre. Jesús tomó todas las decisiones de acuerdo con la Palabra de Dios a pesar de las tentaciones que le rodeaban. Jesús dijo: "Mi alimento es hacer la voluntad del que me envió" (como está escrito en Juan 4:34). Con esto Él quería decir que Su alimento era obedecer al Padre. Esto nos lleva a otra característica de un entrenador consumado: un entrenador consumado no toma decisiones por sí mismo, sino que es obediente y se somete a las reglas establecidas.

Capítulo 4

El corazón del entrenador consumado

En el capítulo anterior, aprendimos que los grandes entrenadores poseen una característica importante que los diferencia de los buenos entrenadores. El corazón es la fuerza motriz del valor añadido que transforma lo bueno en genial.

Pero si hablamos de entrenadores consumados, nos referimos a entrenadores que son "más que geniales". Grande es, de hecho, un eufemismo. Según Oxford Languages, la palabra *consumado significa que muestra un alto grado de habilidad y destreza; completo o perfecto*. Mientras que Dictionary.com la define como *"completo o perfecto; supremamente hábil; soberbio"*. Por lo tanto, el requisito que debemos buscar en un entrenador consumado es la perfección en todos los aspectos: en la enseñanza, en el entrenamiento y en la toma de decisiones. Impecable en los aspectos de los 3 elementos: *Cabeza, Corazón y Mano.*

Además de la perfección, los entrenadores consumados también tienen una habilidad única: la capacidad de liberar el potencial de los miembros de su equipo para que también se conviertan en entrenadores. Recuerde esto: *Los entrenadores consumados engendran entrenadores consumados.* No tienen miedo de compartir sus conocimientos con el uso de sus 3 elementos, para sacar a la luz a nuevos líderes.

En este capítulo, vamos a aprender algunos de los valores y características importantes de los entrenadores consumados mientras los ponemos en paralelo con Jesucristo y algunas personas notables en los deportes y los negocios.

PRIMERO: El Entrenador Consumado no Necesita Fama

Si uno es un entrenador consumado, nunca le quitará protagonismo a nadie porque sencillamente no lo necesita. Los entrenadores consumados no necesitan reconocimiento ni premios para ser reconocidos o venerados por la gente. No buscan la fama internacional, sino que quieren que otros brillen.

Estudiando a Jesús como uno de nuestros ejemplos, aprendemos que a Jesús no le gustaban la fama y la fortuna. De hecho, está escrito en Marcos 1:43-44 que cuando curó a un hombre de lepra, "Jesús lo despidió enseguida con una fuerte advertencia: 'mira que no se lo cuentes a nadie'..."

En lugar de ser reconocido por sus milagros, él sabía que la publicidad que los milagros creaban podría entorpecer su misión de enseñar acerca de la Palabra de Dios, y en su lugar resultar en que la gente se distrajera. En vez de compartir la Palabra, la gente simplemente se maravillaría de Sus obras de milagros y eventualmente perderían de vista Su mensaje central.

Debido a esto, Cristo tuvo que trasladar Su ministerio lejos de la ciudad y a las regiones desérticas. Marcos 1:45 (NIV) dice: "En lugar de eso, salió y comenzó a hablar libremente, difundiendo las noticias". Como consecuencia, Jesús ya no podía entrar abiertamente en una ciudad, sino que se quedaba fuera, en lugares solitarios. Sin embargo, la gente seguía acudiendo a él de todas partes.

El corazón de un entrenador consumado se *centra* en el objetivo y nunca se distrae con la popularidad o la fama. Está centrado como un láser en el objetivo, de modo que incluso cuando llega la fama o la fortuna, el entrenador consumado nunca se deja cegar por ellas. Si bien es cierto que ser un entrenador consumado atraería innatamente la atención de la gente, la fama nunca se mete en la cabeza de un entrenador consumado.

Recuerda, un entrenador consumado nunca se deja llevar por deseos mundanos y fugaces.

SEGUNDO: Un Entrenador Consumado es Desinteresado, Nunca Egoísta

Nuestro entrenador consumado, Bill Belichick dice: "La fortaleza mental es hacer lo correcto para el equipo cuando no es lo mejor para ti".

Un entrenador consumado nunca piensa en su propio beneficio personal, sino en el beneficio de todo el grupo. En la vida, una decisión puede acarrear al entrenador molestias, inconvenientes o desventajas, pero un entrenador consumado hará lo que beneficie a todos sus miembros.

Puesto que un entrenador consumado no necesita fama ni fortuna, como aprendimos anteriormente, también es generoso a la hora de impartir su habilidad enseñando a otros a convertirse también en entrenadores consumados. No duda en poner a los demás en el punto de mira. Eleva a los demás aunque eso signifique ponerle a él al margen.

El autor del libro *Coach to Coach*, (De Entrenador a Entrenador) Martin Rooney, cuenta en su blog www.coachinggreatness.com una poderosa historia sobre el egoísmo convertido en altruismo:

Había una vez un entrenador de unos treinta años. Tenía problemas porque su identidad estaba atrapada entre la de atleta y la de entrenador. Como seguía siendo fuerte y rápido, a menudo se retaba a sí mismo a levantar más peso o a saltar más alto que los atletas a los que entrenaba. Luchaba con sus luchadores y corría contra los velocistas. Su lado atleta seguía presionando para competir, mientras que su lado entrenador pedía cooperación.

Aunque el entrenador acorralaba a los luchadores en la UFC y animaba a sus jugadores desde los banquillos de los partidos de la NFL y de la universidad, hubo un atleta de otro deporte que le ayudó a empezar a pasar del egoísmo al altruismo.

En la universidad, el entrenador había sido lanzador de jabalina. Aunque había ganado algunos títulos de conferencia, nunca sintió que hubiera alcanzado su potencial. Cuando empezó a entrenar al atleta de atletismo para que persiguiera su sueño con la jabalina, en lugar de comparación o envidia, el entrenador empezó a entrenar al atleta con compasión y empatía. En lugar de buscar algo para sí mismo, el entrenador sólo buscó una cosa para el atleta:

Para ayudarle a superar al entrenador en todo lo que hacía.

Esta nueva mentalidad de entrenador le inspiró para volcarlo todo en el atleta en lugar de guardarse algo. Y en el día más importante de la vida del atleta, el entrenador aprendió por fin que el sueño de un entrenador *debe ser ayudar a otra persona a hacer realidad su sueño.*

Es fácil recordar esa historia porque yo era ese entrenador egoísta".

En esta historia, aprendemos que un entrenador consumado está dispuesto a dar marcha atrás en cualquier momento, para allanar el camino a los demás. No dudará en ofrecer su tiempo, sus esfuerzos y su talento para desarrollar una nueva raza de entrenadores consumados. Su *corazón* se ofrece para los demás, no para sí mismo. Los entrenadores consumados engendran nuevos entrenadores consumados.

TERCERO: Un Entrenador Consumado se Arriesga por los Demás

Anteriormente, aprendimos que un entrenador consumado es desinteresado. Cuando uno es desinteresado, la generosidad fluye, siempre proveyendo para los demás más que para sí mismo. Pone a los demás en primer lugar, antes que a sí mismo. Sin embargo, hacer esto también implica riesgos. Pero, al igual que Jesucristo, a un entrenador consumado no le importan los riesgos, sino que los asume sabiendo que, para alcanzar el objetivo, es un requisito previo.

Sin embargo, el riesgo es un arma de doble filo. Puedes tener éxito o fracasar estrepitosamente. Asumir riesgos es una de las características significativas que definen el corazón de un entrenador consumado. Está dispuesto a llevarse la peor parte de sus acciones, incluso de las acciones de sus compañeros de equipo, siempre dispuesto a defender a los suyos y siempre arriesgando lo suyo. Aunque todos los entrenadores tienen esta característica, los entrenadores consumados están dispuestos a llegar a circunstancias extremas de riesgo.

Elon Musk, magnate de los negocios, fundador y consejero delegado de SpaceX, el fabricante de aeronaves espaciales más ambicioso, afirma que "el riesgo y la imaginación" fueron los componentes del éxito de Tesla y SpaceX. Ningún gran éxito se ha logrado sin el elemento del riesgo.

Jesús, como entrenador consumado, conocía los riesgos que entrañaba entrenar a sus discípulos. En primer lugar, sabía que sería ridiculizado por la selección de su propio "equipo", compuesto por pescadores, un recaudador de impuestos y algunos activistas. La gente no le creería por su elección de discípulos. Elegir sólo a sus discípulos era un riesgo.

En la Biblia, Jesús se arriesgó por el perdón de los pecados. Cuando Jesús empezó a predicar el evangelio, la gente se enfadó con él y querían que se tirara por un barranco. Está escrito en Lucas 4:29: *Se levantaron, lo echaron de la ciudad y lo llevaron a la cima del monte sobre el que estaba edificada la ciudad, para arrojarlo de cabeza.*

Predicar era un gran riesgo. Sus predicaciones eran consideradas rebeldes. Los fariseos de la época pensaban que las enseñanzas de Jesús no estaban de acuerdo con su tradición, y por eso, hicieron todo lo posible para acabar con Su vida. La persecución, la tortura y la muerte en la cruz fueron Su último riesgo.

Bill Belichick también conoce la importancia del riesgo. En un artículo publicado por NBC News, Bill Belichick expone cómo el riesgo es necesario para el deporte:

El entrenador de los Patriots, Bill Belichick, proporcionó algo de contexto para ese tipo de preguntas antes de la práctica del martes cuando le pregunté cómo entrena a sus quaterbacks para equilibrar el riesgo y la recompensa en la práctica.

Obviamente, el equipo quiere sacar el máximo partido de cada repetición, supuse, pero probablemente tampoco quiere fomentar los malos hábitos.

Como dijo Belichick, lanzar intercepciones en los entrenamientos está bien porque arriesgarse en los entrenamientos está bien. De lo contrario, ¿cómo sabrán los quarterbacks cuáles son sus limitaciones -o las limitaciones de sus compañeros de equipo- cuando salgan al campo para un partido importante?

"Es un equilibrio, pero ciertamente animo a los quarterbacks a arriesgarse más en los entrenamientos que en el partido", dijo Belichick. "Ahí es cuando un quarterback puede desarrollar realmente la confianza en un jugador, lanzando en un lugar estrecho o haciendo que el chico haga una recepción difícil. ¿Puede meterla en una pequeña ventana? No quieres que la primera vez que eso ocurra sea en un partido y que luego se dé cuenta y diga: 'Bueno, no debería haber lanzado eso'".

"Si eso va a ocurrir, que ocurra en los entrenamientos si vamos a correr ese tipo de riesgo. Al mismo tiempo, tampoco queremos salir y lanzar 12 intercepciones en cada entrenamiento, esa no es la idea. Pero en cuanto a arriesgarse, hacer algo en el entrenamiento que no harías en el partido, si hay una razón para hacerlo -que yo diría que hay muchas razones para hacerlo, y hablamos de ellas-, entonces yo diría que definitivamente hay un lugar para ello".

Este tipo de inclinación a asumir riesgos no sólo es útil para los quarterbacks que quieren entender las capacidades de sus receptores, sino que también ayuda a los jefes de pista a comprender cuándo y dónde merece la pena un lanzamiento arriesgado.

Por ejemplo, lanzar a una doble cobertura en profundidad por la banda en tercera y 7 desde el centro del campo puede ser un riesgo que merezca la pena correr. Lanzar hacia una doble cobertura para una ganancia de tres yardas en primera y 10 desde tu propia línea de 12 yardas puede no serlo.

Las situaciones a las que se enfrentan los mariscales de campo de los Patriots en prácticas como la del martes son más matizadas, pero el punto se mantiene: Entender el riesgo, y a veces tirar la cautela al viento en la práctica, es un aspecto importante del desarrollo del quarterback.

Reflexiones:

Como entrenador, *de tu equipo, de tu familia o de tus amigos*, ¿qué estás dispuesto a arriesgar? ¿Está dispuesto a defender a su equipo y a sus miembros?

Muchos de nosotros tenemos la tendencia a pensar primero en nosotros mismos. Lo que sea que nos beneficie o nos mantenga en peligro, lo elegimos. Pero para un entrenador consumado, el riesgo es una necesidad. Pero el riesgo también debe calcularse. En la vida, nos enfrentaremos a ciertos niveles de riesgo. Pregúntate: "¿Qué gano y qué pierdo?" antes de dar el paso de arriesgar. Tenemos que aceptar que el riesgo puede llevarnos al fracaso. Podemos acabar arriesgándonos y no ganar nada. Como hacen a menudo los jugadores, que arriesgan millones de su inversión en un juego que puede llevarles a quedarse con las manos vacías.

Pero a muchos niveles, el riesgo es saludable. Cuando se practica una mentalidad de crecimiento, el riesgo es un requisito. Un entrenador consumado cree que debe afrontar el riesgo porque, de lo contrario, el objetivo nunca se alcanzará. Es evidente que en este mundo, esa actitud de asumir riesgos se considera una ventaja competitiva. Las personas con más éxito en cualquier sector asumen más riesgos que las que tienen menos éxito que ellas.

Cuando un entrenador consumado asume un riesgo, magnifica su amor desinteresado por los miembros de su equipo, animando así a todos a asumir riesgos también. Cuando un equipo se entera de este tipo de actos desinteresados, sube la moral del equipo, y todos y cada uno ganarán fuerza para afrontar riesgos juntos.

Capítulo 5

Lecciones del Agua

El agua es la fuente de la vida. Sin ella, no somos nada. Sin ella, no hay nada.

Alrededor del 71% de la superficie terrestre está cubierta de agua, y los océanos contienen aproximadamente el 96,5% de toda el agua de la Tierra. Es el disolvente universal. Ocupa el lugar de su recipiente. Tiene propiedades cohesivas y adhesivas.

Estos son algunos hechos y características del agua. Creo que hay características del agua que merece la pena comentar aquí porque la naturaleza del agua puede ser perfectamente paralela a nuestras vidas. Como fuente de vida, el agua está conectada a nuestras vidas más de lo que creemos.

En este capítulo, me parece que lo mejor es enumerar las distintas características del agua, no sólo para apreciar este precioso recurso, sino también para que los lectores se den cuenta de que, en efecto, hay muchas características relacionables que posee el agua.

También descubriremos que, en nuestra búsqueda de los criterios perfectos para un entrenador consumado, sólo tenemos que fijarnos en... el agua. He aquí por qué.

ENTRENADORES CONSUMADOS: BILL BELICHICK Y JESUCRISTO

Figura 2. Características del Entrenador Consumado

1. El agua es Polar

El agua es la única sustancia que se presenta en estado gaseoso, sólido y líquido a las temperaturas existentes en la Tierra. La polaridad del agua es una de las características que podemos atribuir a un consumado entrenador. En función de las temperaturas, el agua simplemente se adapta.

Al igual que la polaridad del agua, el entrenador consumado se adapta a los distintos entornos. Desempeña diferentes papeles como entrenador. He aquí cómo:

Se espera que un entrenador experimente distintas situaciones en la vida. Habrá momentos de presión, duda, éxito, miedo, traición o persecución. El coaching suele ser una combinación de malos y buenos momentos. Pero a pesar de estas situaciones, un entrenador consumado permanece arraigado a su misión. Se adapta a los distintos "climas" y "condiciones meteorológicas". Se adapta a las distintas personalidades. Pero al fin y al cabo, un entrenador consumado nunca se deja influir por los demás. Como el agua, las temperaturas pueden cambiar de forma, pero al final del día, *el agua sigue siendo agua*. Del mismo modo, el *entrenador consumado* sigue siendo un *entrenador consumado*.

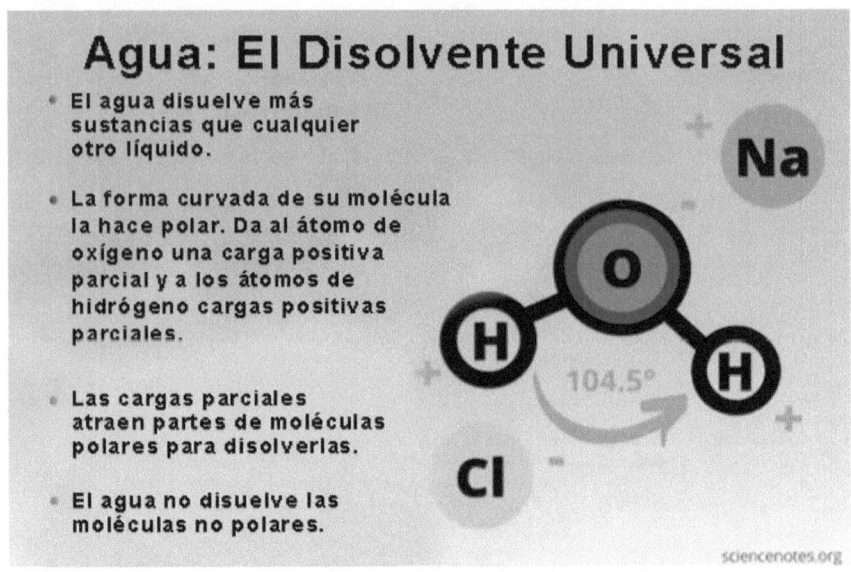

Figura 3: El agua, disolvente universal (ScienceNotes.org)
Fuente: https://sciencenotes.org/why-is-water-called-the-universal-solvent/

Al igual que el agua, que cambia su forma de líquido a sólido y a gas, un coach consumado también puede adoptar distintos personajes: un entrenador, un mentor, un líder, un asesor, un analista, un gestor, un ingeniero, un director o un productor. Sea cual sea la situación, el entrenador consumado toma un sombrero.

Jesús, como entrenador consumado, también desempeñó diferentes papeles cuando vivió aquí en la tierra. En muchas historias bíblicas, Jesús mostró sus diferentes personajes: un hijo, un maestro, un sanador/médico, un hacedor de milagros, un predicador, un innovador, un pastor, un padre, un amigo o un cordero de sacrificio. Era como el agua, capaz de transformarse en diferentes formas cuando la situación lo requería. Pero siguió siendo como es: Jesús. Como el agua, la forma cambia, pero el núcleo permanece constante.

Otro ejemplo fue cuando varias tentaciones se presentaron en el camino de Jesús. Mientras Jesús ayunaba, el diablo, según la Biblia, se coló en el tiempo de oración de Jesús y le tentó varias veces. Como forma humana, podría haber sido tentado fácilmente. Jesús, como forma humana, al igual que todos nosotros, es propenso a las tentaciones, al miedo o al dolor. Pero Él vivió una vida perfecta - el único hombre que caminó por esta tierra sin pecado. Su misión era librar a la humanidad de la destrucción eterna.

La Biblia dice que cuando vino el diablo y le preguntó: "Si eres Hijo de Dios, tírate al suelo. Porque está escrito: 'Mandará a sus ángeles acerca de ti, y te levantarán en sus manos, para que no tropieces con tu pie en piedra'".

En esta historia, si Jesús como un consumado entrenador, quiere probarse a sí mismo ante el diablo, o estar orgulloso y jactarse de su capacidad, podría haber hecho lo que dice el diablo y probar que Él es el Hijo de Dios; sin embargo, Jesús respondió: "También está escrito: No pongas a prueba al Señor tu Dios".

Como ves, al igual que la polaridad del agua, Jesús se mantuvo firme a pesar de la presión. Un entrenador consumado, cuando es desafiado nunca tuvo que probarse a sí mismo porque posee un alto nivel de autoconciencia. Como el agua, un entrenador consumado puede cambiar de forma, pero la identidad permanece inquebrantable.

2. **El agua, un disolvente excelente**

Debido a la polaridad del agua, con ligeras cargas positivas y negativas, los compuestos iónicos y las moléculas polares pueden disolverse fácilmente en ella. Por ello, el agua se denomina disolvente, es decir, una sustancia capaz de disolver otra sustancia.

Cuando se pone una sustancia iónica (como la sal) en el agua, ésta se disuelve en el agua. Pero, ¿el agua se convierte en sal o la sal se convierte en agua? Por supuesto, el agua permanece tal cual. Sin embargo, la sal que se ha disuelto se transforma en forma líquida y pasa a formar parte de ella.

Esta es la característica de un entrenador consumado. Un coach consumado puede influir en la vida de otras personas a través de su característica de "solvencia", pero no se transforma para convertirse en otra persona. *Un entrenador consumado se conoce a sí mismo. No se convierte en su entorno, sino que influye en él*. Por el contrario, el entorno se siente atraído por el entrenador consumado, y no al revés.

Jesús, en este contexto, nunca fue influenciado por su entorno, ni su objetivo fue cegado por la gente que le rodeaba. Jesús estaba ultraconcentrado en sus enseñanzas rebeldes, no tradicionales e impopulares que, en aquella época, rasgaban los muros de la tradición, causando oposición. Pero Él fue un excelente disolvente. Al final, como nunca vaciló en su misión, la gente adoptó sus enseñanzas rebeldes, no tradicionales e impopulares. Ahora, de 12 discípulos a 2.380 millones de seguidores en todo el mundo: un testimonio de cómo creció su influencia en un lapso de 2.000 años. El cristianismo sigue siendo la religión más influyente y popular del mundo, formando el 31,11% de todas las creencias según Pew Research.

Como ven, solvencia significa aquí influencia. Cuanto más solvente es un entrenador consumado, más influencia tiene sobre la gente.

Pero la pregunta es, con el poder y la influencia que posee el entrenador consumado, ¿este poder e influencia cambiarán al entrenador consumado? Esto nos lleva a lo siguiente.

3. **El agua, poderosa pero suave**

La verdad es que el poder otorgado al entrenador consumado no le cambia. Debería hacer que se convirtiera en más de lo que ya es. En lugar de ello, el coach consumado utiliza su poder para ampliar su influencia y promover sus objetivos.

El fundador y CEO de la aplicación de mensajería Slack, Stewart Butterfield, dice: *"No te convierte en un [improperio]. Sólo te convierte en más de lo que ya eras"*.

Durante décadas, muchas personas han dependido del agua para obtener energía. Su capacidad de producir electricidad a través de la energía hidroeléctrica se aprovecha para beneficiar a la gente y cambiar vidas. Además, es una forma de energía renovable, no tóxica para el medio ambiente. En el mundo, el 20% de la electricidad procede de la energía hidráulica.

En este ejemplo, se hizo un buen uso del poder del agua. El poder no cambió el agua. El agua sigue siendo agua.

Jesús ha mostrado su poder y mansedumbre en muchos casos. Su extrema mansedumbre se ve en cómo cuidaba de los menos afortunados. Enseñó a tener compasión de los pobres y necesitados en Lucas 6:20-21 (NIV): "Mirando a sus discípulos, les dijo: 'Bienaventurados ustedes que son pobres, porque de ustedes es el reino de Dios. Bienaventurados los que ahora tenéis hambre, porque seréis saciados. Bienaventurados los que ahora lloráis, porque reiréis'".

4. **El agua, fuente de vida**

La verdad es que un hombre puede sobrevivir 1-2 meses sin comida. Pero sin agua, un hombre sólo puede sobrevivir unos 3 días. Un mundo sin agua no es un mundo.

Los entrenadores consumados son líderes que aportan algo más que enseñanza y tutoría. Como el agua, los entrenadores consumados proporcionan oportunidades de crecimiento, aumentan el potencial de su equipo, cuidan de su equipo, dando todo lo que pueden por sus miembros.

Figura 3. Agua que fluye naturalmente de una fuente

Para un entrenador consumado, el poder es también una oportunidad de duplicar más entrenadores consumados en potencia. Como el agua, fluye de todas partes, no es egocéntrica. De las montañas fluye a los arroyos, los ríos y el mar. Cuando llueve, es para todos.

5. **El agua proporciona reflexión**

El agua es capaz de ambos tipos de reflexión. El agua quieta e inalterada crea reflejos especulares, mientras que el agua agitada y en movimiento crea reflejos difusos.

Un entrenador consumado es aquel que sigue siendo identificable. La gente se ve reflejada en él. A pesar del alto nivel o de las características perfectas de un entrenador consumado, los demás le admiran, inspirando a todos a ser como él. Es un consumado, pero al mismo tiempo no está demasiado arriba. De hecho, es fácil de alcanzar. Sus miembros aspiran a ser como él. Es un modelo para sus miembros. A lo largo de su vida, el entrenador consumado demuestra a sus miembros que son capaces de cosas mayores.

Otra relación con esto es cómo sus miembros se identifican con la persona del entrenador consumado. Existe un sentimiento de pertenencia, identidad y afiliación.

¿Quién es tu entrenador con el que te identificas?

6. **Accesible para muchos, escaso para algunos**

Ahora que hemos identificado las similitudes entre un entrenador consumado y el agua, terminamos con un hecho más que establece una similitud evidente entre el agua y un entrenador consumado: *que es accesible para muchos pero escasa para algunos.*

El agua es un recurso precioso, y es un elemento tan importante en nuestras vidas como un entrenador consumado. Sin embargo, sigue siendo un hecho que muchas zonas del mundo aún no tienen acceso a ella.

En un artículo de World Vision se dice: "Si usted se encuentra entre las 9 de cada 10 personas del planeta que tienen acceso a agua limpia cerca de su casa y las 24 horas del día, considérese afortunado. Cientos de millones de personas no son tan afortunadas, y sus familias pagan el precio a diario. Las enfermedades relacionadas con el agua minan su energía. Acarrear cubos de agua sucia durante horas impide a las madres ganar dinero y a los niños ir a la escuela. No tienen el agua que necesitan para regar los cultivos o abrevar al ganado. Y al final del día, es difícil descansar sabiendo que el día siguiente será igual".

World Vision enumera 10 países con dificultades de acceso al agua potable. Entre ellos está Nigeria, Papúa Nueva Guinea, la República Democrática del Congo, Chad, Etiopía y Somalia, entre otros.

Lo comparamos con nuestro entrenador consumado, Jesucristo. Aunque muchos países del mundo aceptan el cristianismo, todavía hay muchas partes del globo que desprecian la creencia en Jesucristo. Según el informe 2020 de la Comisión de los Estados Unidos para la Libertad Religiosa Internacional, los cristianos de Birmania, China, Eritrea, India, Irán, Nigeria, Corea del Norte, Pakistán, Rusia, Arabia Saudí, Siria y Vietnam son perseguidos.

Figura 3 (abajo): Países donde es más peligroso seguir a Jesús (Fuente: Christianity Today)
https://www.christianitytoday.com/news/2023/january/christian-persecution2023-countries-open-doors-watch-list.html

- ③① Jordan
- ③② Nepal
- ③③ Bhutan
- ③④ Kazakhstan
- ③⑤ Morocco
- ③⑥ Brunei
- ③⑦ Tunisia
- ③⑧ Qatar
- ③⑨ Mexico
- ④⓪ Kenya
- ④① Russian Federation
- ④② Malaysia
- ④③ Kuwait
- ④④ Oman
- ④⑤ United Arab Emirates
- ④⑥ Sri Lanka
- ④⑦ Colombia
- ④⑧ Bangladesh
- ④⑨ Palestinian Territories
- ⑤⓪ Azerbaijan

Según el World Population Review publicado en su página web: "La libertad religiosa no es un hecho en muchas partes del mundo. Según el Pew Research Center, más del 80% de los gobiernos del mundo interfirieron de alguna manera en el culto religioso de sus ciudadanos en 2019."

Continúa diciendo: "Además, aunque el cristianismo es la religión más grande del mundo, los cristianos no son de ninguna manera inmunes a la persecución. Por ejemplo, los países islámicos a menudo ven a otras religiones como heréticas, una afrenta a Alá, lo que se considera un delito extremadamente grave."

Llegamos a la conclusión de que mientras en EE.UU., y en muchas otras partes del globo, abundan las enseñanzas de Jesús, en otros países que no ejercen la libertad religiosa, hasta el punto de declararla ilegal, escasean.

Personalmente creo que, como el agua, las enseñanzas de Jesús están destinadas a ser compartidas y disfrutadas por muchos. Sus enseñanzas transformadoras han aportado claridad y transformación a muchas vidas de sus seguidores. Así que, al igual que el agua, lanzo un reto a todos mis lectores: *Beban esa agua, disfrútenla, ¡pero compártanla con todo aquel que tenga sed!*

Llegará el momento en que, al igual que el agua, el mundo disfrutará de la abundancia de sus beneficios transformadores.

Reflexiones:

Hay muchas lecciones prácticas que podemos aprender de este capítulo. Pero creo que la lección más importante es sencilla: La importancia de tener un entrenador consumado en nuestra vida puede compararse a la del agua. Nuestro espíritu a menudo se seca. Un coach consumado debería llenarnos con su potente energía, su poder curativo, su satisfacción garantizada, sus elementos vivificantes, su capacidad de proporcionar vida.

¿Alguna vez has sentido tanta sed? Has buscado agua por todas partes, pero no hay. Después de horas sintiendo sed, por fin consigues una botella y te das cuenta de lo valiosa que es esa única necesidad para tu cuerpo súper sediento. Después de beber a sorbos cada gota de agua fría de la botella, suspiraste profundamente y diste gracias a Dios por el regalo del agua.

Muchas veces, especialmente cuando no tenemos sed o no la necesitamos, vemos menos su valor. Vemos el agua como algo trivial cuando es abundante. Pero nos damos cuenta de su valor real cuando escasea.

Espero que al buscar a ese entrenador consumado definitivo en nuestras vidas, veas la importancia del entrenador como fuente de vida para ti: como una gran solución, como un excelente disolvente, como una fuerza suave pero poderosa en tu vida que reflexiona, que te lleva a la inspiración, a la motivación; que llena tu espíritu de satisfacción.

Que ese entrenador consumado esté siempre accesible para que cuando nos encontremos con personas que han perdido toda su esperanza - personas que están espiritualmente secas, y se han rendido en la vida - seamos más capaces de transmitir la vida de nuestro entrenador consumado a aquellos que están escasos de ella. Recuerda, la gente verá más su valor real cuando escasee.

El agua. Compártela.

Capitulo 6

La Oveja Perdida

La parábola de la oveja perdida es una historia eterna que a menudo se vuelve a contar cuando la gente relata una historia sobre el amor de un padre o el amor de Dios a los seres humanos. Pero también podemos volver a contar esta historia en relación con el sacrificio y la abnegación del entrenador consumado.

Si no estás familiarizado con la historia, permíteme resumirla. La parábola habla de un pastor con cien ovejas. Un día, contó sus ovejas y se dio cuenta de que faltaba una. Buscó a esa oveja perdida en diferentes lugares. Estaba preocupado y se desvivió por encontrarla. Cuando la encontró, se alegró y le hizo una fiesta.

Para contextualizar la popularidad de esta historia, así es como se contaba la parábola: Los recaudadores de impuestos y otros pecadores notorios acudían a menudo a escuchar la predicación de Jesús. Esto hizo que los fariseos y maestros de la ley religiosa se quejaran de que Él se asociara con gente tan pecadora, incluso comiendo con ellos. Fue entonces cuando Jesús comenzó a narrar la parábola diciendo: *"Si un hombre tiene cien ovejas y una de ellas se pierde, ¿qué haría?"*, refiriéndose a los pecadores como las ovejas perdidas.

Aunque esta breve pero poderosa parábola puede tener tantas implicaciones en nuestras vidas, también hay puntos muy importantes que podemos extraer de esta parábola en relación con un entrenador consumado.

Antes que nada, utilizar la oveja como analogía es simplemente inteligente. Verás, si hay algún animal que sea atontado y lento, y que a menudo no sepa adónde ir, ése es la oveja.

La naturaleza de una oveja es diferente a la de cualquier otro animal: una oveja siempre se pierde, incluso cuando está custodiada por un pastor. Basta con que un miembro del rebaño se aleje para que el resto lo siga. Además, otra cosa interesante de una oveja es que se asusta con facilidad. Tienen miedo hasta de las cosas más pequeñas que se les ocurran.

Podemos comparar a una oveja con un ser humano que está perdido y necesita urgentemente orientación en la vida. ¿Cómo puede un entrenador consumado orientar a la oveja? ¿Y cuál es el significado subyacente de utilizar una oveja en esta famosa parábola? He aquí algunas de las características del entrenador consumado que relacionamos con la historia de la oveja perdida:

Un Entrenador Consumado tiene Corazón para los Perdidos

El entrenador consumado, como el pastor, se desvivirá por encontrar a ese miembro perdido, incluso si pudiera simplemente dejar ir a esa oveja, ya que tiene 99 más. Cada persona del grupo es valiosa para un entrenador consumado. Considera a cada persona como un contribuyente importante para una organización o un equipo.

Pero que un entrenador consumado deje las 99 ovejas para encontrar la oveja perdida refleja un significado aún más profundo: su amor por cada miembro de la manada. Si nos fijamos en la naturaleza de una oveja, basta con que un rebaño se aleje para que el resto le siga. Las 99 ovejas que quedaron estaban en una situación vulnerable en ese momento.

Sin embargo, un entrenador consumado seguirá arriesgándose por esa única oveja perdida. Esa es la clase de amor que posee un entrenador consumado.

Un Entrenador Consumado Salvará a los Perdidos

Jesús, como entrenador consumado, nunca deja de ejemplificar Su deseo de encontrar a los perdidos. En los textos del Nuevo Testamento, "los perdidos" se refiere a los pecadores que *han perdido su camino*.

Cuando Jesús estaba describiendo Su propósito en Lucas 19:10 (NKJV)), escogió palabras llenas de gran riqueza y victoria para nuestras vidas. Él dijo: *"Porque el Hijo del Hombre ha venido a salvar lo que se había perdido".*

El objetivo final de Jesús, por lo tanto, era salvar a los perdidos. No era sólo parte del plan. Era el plan maestro. Sus milagros, su conversión del agua en vino, las parábolas de las que habló, su predicación y enseñanza, su vida y muerte en la cruz, todo ello tenía un objetivo final: salvar a los perdidos. Un entrenador consumado hará lo mismo: irá más allá de su tarea para que vuelvas al buen camino.

Un bello ejemplo de un entrenador consumado moderno que salvó a los perdidos fue el entrenador Phil Towel, terapeuta y entrenador de mejora del rendimiento. La historia se publicó en el sitio web www. metalsucks.net:

"Para la gente que crecía en los 90, Metallica era una gran fascinación y atraía el respeto de millones de fans. Sin embargo, la banda tenía rencillas ocasionales y a sus miembros les resultaba cada vez más difícil continuar como una sola unidad.

En el documental "Some Kind of Monster", (Una especie de monstruo) se revela finalmente que los miembros llegaron a la paz gracias a los esfuerzos y las sesiones dirigidas por Phil Towel. Él ayudó a la banda a permanecer unida durante más de una década".

En este ejemplo, un entrenador consumado no sólo encuentra al que estaba perdido, sino que reconecta a los perdidos del todo. Al igual que las características del agua (que aprendimos en el capítulo anterior, y que añadiré aquí) tiene propiedades adhesivas y cohesivas que hacen que *sustancias similares o sustancias opuestas* se mantengan unidas.

El Papel de las Ovejas en la Historia

Creo que Jesús utilizó la oveja no sólo por sus características de *"siempre perdida, siempre asustada"*. Si nos fijamos en la historia, una oveja o un cordero se utilizan a menudo como sacrificio, incluso en tiempos del Antiguo Testamento. Lo vemos ya en el Libro del Éxodo.

El sacrificio pascual, también conocido como cordero pascual o cordero de Pascua, es el sacrificio que la Torá ordena a los israelitas sacrificar ritualmente en la noche de Pascua, y comer en la primera noche de la festividad.

Esta práctica es para celebrar o conmemorar la liberación de los hebreos de la esclavitud, o la huida de Egipto, y el "paso" de las fuerzas de destrucción, o la preservación de los primogénitos de los israelitas, cuando el Señor "hirió la tierra de Egipto" en la víspera del Éxodo.

En el libro del Éxodo se dice: "Di a toda la comunidad de Israel que el décimo día de este mes cada uno lleve un cordero para su familia, uno para cada casa. Si algún hogar es demasiado pequeño para un cordero entero, deberá compartir uno con su vecino más cercano, teniendo en cuenta el número de personas que haya".

Maqueta de un Altar de los Holocaustos

Pero un papel significativo de una oveja está escrito en Levítico 4:3235 que también nos dice que la oveja se utiliza como sacrificio para el perdón de los pecados. Dice:

"Si alguien trae un cordero como ofrenda por el pecado, deberá traer una hembra sin defecto. Pondrán la mano sobre su cabeza y la sacrificarán como sacrificio por el pecado en el lugar donde se sacrifica el holocausto. Luego el sacerdote tomará con el dedo un poco de la sangre del sacrificio por el pecado, la pondrá sobre los cuernos del altar del holocausto y derramará el resto de la sangre al pie del altar. Quitarán toda la grasa, así como se quita la grasa del cordero de la ofrenda de comunión, y el sacerdote la quemará en el altar sobre las ofrendas alimenticias presentadas al SEÑOR. De esta manera el sacerdote hará expiación por ellos por el pecado que hayan cometido, y serán perdonados".

Obsérvese cuidadosamente cómo los versículos utilizan aquí la sangre de oveja para representar la sangre del pecado. La expiación del pecado, por lo tanto, es cuando se prende fuego a una oveja en el altar como ofrenda quemada en el Antiguo Testamento.

Ahora aprendamos cómo esto cambió en el advenimiento de Cristo.

El Cambio de la Oveja

El día que Jesús habló de la parábola, sin embargo, el concepto de la oveja siendo sacrificada y quemada para el perdón de los pecados ahora se despojó, y adquirió un significado totalmente nuevo.

Cuando Jesús usó a las ovejas para representar a la gente que ha perdido su camino (los pecadores, los recaudadores de impuestos), y usó a Dios para representar al pastor, también quiso decir que el castigo por los pecados, por lo tanto, es que los pecadores (las ovejas) sean quemados.

Pero el mayor giro argumental se produjo cuando Jesús habló de la misericordia de Dios en esta parábola - el pastor que vino en busca de la oveja para volver a casa y se regocijó cuando la encontró. La parábola sacudió el viejo sistema más de lo que conocemos. Ahora traía un nuevo significado: que el Señor es un Dios amoroso, y que te encontrará y hará todo lo posible por traerte de vuelta a casa.

Mensaje Central de la Parábola

¿Permitiría el pastor que se quemara la oveja cuando venía a buscarla con todas sus fuerzas? ¿Permitiría el pastor que la oveja se convirtiera en un sacrificio quemado si arriesgara a las otras 99 por esa única oveja perdida? ¿Por qué se alegraría un pastor cuando encontrara esa única oveja perdida?

En esta parábola, nos imaginamos que el pastor está motivado e impulsado por una cosa: su corazón y su amor por cada oveja del rebaño.

Nuestra conclusión aquí: Un entrenador consumado es un pastor que salvará a su rebaño, por todos los medios posibles. Incluso si eso significa ser él mismo el cordero sacrificado, sólo para que sus ovejas se salven, lo hará. Y esto es exactamente lo que el cristianismo quiere exponer en la vida de nuestro entrenador consumado, Jesucristo.

Jesús actuó como el cordero del sacrificio porque sabía que la pena de muerte por convertirse en una oveja perdida era la muerte.

Según Romanos 6:23, "Porque la paga del pecado es muerte". Pero debido a que Jesús, nuestro entrenador consumado, se sacrificó como el cordero, el versículo ahora continúa diciendo:

"...Pero la dádiva de Dios es vida eterna en Cristo Jesús, Señor nuestro".

Reflexiones Sobre la Parábola

Hay muchos acontecimientos en nuestras vidas que hacen que nuestra situación sea similar a la de la oveja perdida. Cuando estamos perdidos, como seres humanos, nos vemos desafiados por nuestras habilidades para sobrevivir a nuestra propia confusión y salir fortalecidos. Confiamos demasiado en que podemos encontrar "nuestro camino a casa", porque nacemos luchadores. Confiamos en nuestros instintos, en nuestra inteligencia y en nuestras capacidades. A veces nos volvemos demasiado orgullosos de nosotros mismos, o nos confiamos demasiado porque hemos alcanzado cierto nivel de éxito en la vida, o recibimos constantes elogios de la gente que nos rodea. A veces actuamos como dioses, sabiendo bien lo que podemos hacer, los recursos de que disponemos y de lo que somos capaces. Estamos cableados con el pecado, eso es lo que somos.

Estamos genéticamente programados para pensar que somos invencibles. Es por eso que algunas personas ya no necesitan la guía de nadie porque sienten que pueden manejar cualquier cosa que la vida les arroje.

Pero déjame que te lo explique: No eres invencible. A menudo sentimos nuestra vulnerabilidad innata cuando nos enfrentamos al dolor, al miedo, a la incertidumbre y, sobre todo, a la muerte.

Como la composición genética de una oveja, los humanos nacemos con la naturaleza de la vulnerabilidad. Sí, puede que estemos en el estrato más alto del reino animal, el más inteligente de todos los seres vivos, pero siempre nos enfrentaremos a situaciones de indefensión. Sí, amigo mío. Estás indefenso. Todos lo estamos. Y como las ovejas, tenemos que dejarnos guiar por ese único pastor.

Pero, ¿y si ese pastor se preocupa menos por ti? Qué cruel puede ser la vida si tenemos un pastor que nunca se desvía de su camino para encontrarnos cuando estamos perdidos. Y cuando estamos en nuestro momento más vulnerable, no encontramos un pastor que nos eleve y nos consuele y "nos lleve a casa".

La buena noticia, sin embargo, es que tenemos un Pastor que está dispuesto a encontrarnos cuando estamos perdidos. Puede que nos perdamos muchas veces, pero aun así Él nos encontrará y nos llevará de vuelta a donde pertenecemos, guiándonos hacia donde debemos ir. Él nos mantendrá seguros y preparados para la próxima oleada de obstáculos que se nos presente.

De hecho, ese mismo Pastor arriesgará Su vida para llevarte a casa. Puede que a menudo cometas demasiados errores que te hagan indigno de ser acogido de nuevo en casa. Pero el lado bueno es que este Pastor tiene un corazón para los perdidos, y le duele cuando te abandona a ti o a cualquiera -y me refiero a cualquiera- de Su rebaño.

Nuestro Pastor tiene un gran amor por ti. Recíbelo.

Capítulo 7
Bill Belichick:
El Mejor Entrenador del Nuevo Milenio

En el fútbol americano, no hay otro nombre que sea sinónimo de victoria que Bill Belichick.

Bill o William Stephen Belichick es apodado *"El mejor entrenador de todos los tiempos"* y es el entrenador del equipo más laureado del fútbol americano, los New England Patriots. Entrenador profesional de fútbol americano desde la década de 1970, en la actualidad es el entrenador jefe y director general de los New England Patriots de la National Football League (NFL), considerado el equipo más laureado de la NFL en los últimos años.

Belichick es también un reputado historiador del fútbol americano, poseedor de numerosos récords como entrenador y ganador de seis Super Bowl como entrenador jefe con los Patriots, y dos campeonatos más con los New York Giants, que le valieron ocho Superbowl como entrenador jefe y coordinador con diferencia. Con estos cinturones de campeón, Belichick es, sin lugar a dudas, el mejor entrenador jefe de todos los tiempos y un icono ardiente del deporte en el nuevo milenio. Su profundo conocimiento de los entresijos del fútbol le valió el apelativo de "estudiante del juego" por su conocimiento de los entresijos del fútbol. Es un genio de este deporte, con un dominio sin parangón de las tres "H" *Cabeza,*

Mano y Corazón en la carrera que eligió, elementos que le elevaron a la posición más alta.

Se le compara con el gran pastor de su rebaño, y como el agua, *tal y como se ha explicado en los capítulos anteriores*, el mundo es testigo de su personalidad suave pero fuerte. Su vida es un reflejo de su dedicación y éxito, un excelente disolvente y una fuente de vida para su equipo. ¿Cómo ascendió a la fama?

Los Primeros Años de Belichick

Durante la etapa de Belichick en los Patriots, fue una figura central como entrenador jefe, así como jefe ejecutivo durante la dinastía de la franquicia de 2001 a 2019.

Desfile del 53° Campeonato de la Super Bowl de los New England Patriots en Boston el 5 de febrero de 2019.

Pero al repasar la vida de este hombre, se aprecia una enorme humildad, dedicación, sed de aprendizaje y un carácter intachable.

Belichick tuvo sus humildes comienzos. En 1975, en Baltimore, Belichick nunca tuvo experiencia y no le pagaban mucho por su trabajo como entrenador. Pero durante ese año, Belichick acumuló grandes conocimientos sobre el campo. Se refiere a él como un periodo de "estudio". Aprovechó esos momentos para aprender los trucos del juego hasta que se fue a Detroit, donde jugaba contra los Patriots.

Hasta que un día, mientras analizaba las posiciones de los jugadores, supo, basándose en su experiencia en Baltimore, que había que hacer algo. En una entrevista con CNBS, Belichick dijo: *"Hablé con nuestro coordinador ofensivo en ese momento y le dije 'Sé que nunca hemos utilizado esta formación, pero sabes, estudié esta formación cuando estuve en Baltimore el año pasado. Creo que va a dar problemas a los Patriots. ¿Podemos echarle un vistazo?* La miramos, la usamos y ganamos".

Ese fue el punto de inflexión de la carrera de Belichick. Le enseñó una valiosa lección. Dijo: *"No tengas miedo de utilizar una buena idea sólo porque no sea convencional o porque alguien no lo haya hecho. Si crees que es una buena idea, no tengas miedo de usarla".* Cuando utilizó su nueva idea y funcionó, fue cuando Belichick supo al instante de su capacidad para entrenar una liga.

Esa experiencia encendió una idea que le llevaría a él y a su equipo a las filas de la NFL. Esto avivó su sed de ganar. De esto se puede extraer una lección de oro: nunca tengas miedo de utilizar una idea nueva.

Pero antes de su récord sin parangón desde 2001, su primera etapa profesional fue su papel como coordinador defensivo del entrenador jefe de los New York Giants, Bill Parcells, en 1985. Ambos ganaron juntos dos Super Bowls. Muchos dicen que estuvo a punto de ser recordado como "sólo el entrenador asistente que nunca triunfará". Pero debido a su amor por el deporte, siguió aprendiendo, fracasando y recuperándose como mejor persona.

Belichick, Despedido

En 1991, por fin, Belichick asumió el cargo de entrenador jefe de los Cleveland Browns. Sin embargo, 5 años después, el 15 de febrero de 1996, Belichick tuvo lo que parecería ser un fracaso, pero resultó ser una oportunidad que le abrió las puertas de par en par. También pareció ser la decisión más inepta tomada por un equipo que sacudió la industria del fútbol americano - Belichick fue despedido por Art Modell, el dueño de la franquicia. Sin embargo, esto no detuvo la carrera de Belichick. Como el agua, *"la mejor solución"*, Belichick no tardó en cambiar y superar el reto de su carrera.

El despido de Belichick causó sensación en el fútbol americano y pasó a formar parte de una historia inolvidable.

Como señala SI.com, Belichick fue tratado como un *saco de boxeo* durante su etapa en los Cleveland Browns, a menudo retratado como un imbécil gruñón que no tenía ni idea de lo que hacía, todo lo contrario de lo que es ahora y de lo que ha conseguido en la historia reciente.

Tras ser despedido por Modell, se allanó el camino para que volviera a unirse a Parcells, primero en Nueva Inglaterra, donde el equipo perdió la Super Bowl XXXI, y más tarde con los New York Jets.

El Ascenso de los New England Patriots

En enero de 2000, un día después de aceptar el puesto de entrenador jefe de los Jets, Belichick dimitió y aceptó un nuevo papel: entrenador jefe de los New England Patriots. Se encendía la llama del equipo. El nuevo milenio comenzó con el favor del lado de Belichick. En los años siguientes, los Patriots acumularon victorias, fama y fortuna, y la vida de Belichick empezó a dar un giro radical: Belichick ha llevado a los Patriots a 17 títulos de división de la AFC Este, 13 apariciones en el Juego por el Campeonato de la AFC y nueve apariciones en el Super Bowl. Los Patriots registraron un total de seis victorias.

Entrenadores Consumados: Bill Belichick y Jesucristo

Los Patriots en acción. BOSTON - 16 DE OCTUBRE: El mariscal de campo Tom Brady, No 12, se prepara para lanzar un pase en el Gillette Stadium, New England Patriots vs. Dallas Cowboys el 16 de octubre de 2011 en Foxborough, Boston, MA.

Resumiendo todas sus victorias, Belichick ha ganado ocho campeonatos de la Super Bowl, con cuatro subcampeonatos en su tiempo combinado como asistente y entrenador jefe, consolidando su nombre en el salón de la fama de la NFL y, sin dejar lugar a debate, convirtiéndose en el mejor entrenador de todos los tiempos.

Además de ser considerado el mejor entrenador, también es el entrenador en activo que más tiempo lleva en la NFL's, así como el primero de todos los tiempos en victorias como entrenador en playoffs, con 31, y el tercero en victorias como entrenador en temporada regular en la NFL, con 294.

EAST RUTHERFORD, NJ - 22 DE NOVIEMBRE: El entrenador de los New England Patriots, Bill Belichick, en la banda contra los New York Jets en el MetLife Stadium el 22 de noviembre de 2012 en East Rutherford, Nueva Jersey.

Además, Belichick ocupa el segundo lugar por victorias combinadas en temporada regular y postemporada, y también el segundo lugar por más victorias como entrenador en temporada regular con una franquicia. Es uno de los tres entrenadores que han ganado seis títulos de la NFL. Además, fue galardonado con el premio AP NFL Coach of the Year en las temporadas 2003, 2007 y 2010. También fue seleccionado para el NFL 2000s AllDecade

Team, NFL 2010s All-Decade Team, así como el NFL 100th Anniversary All-Time Team, y es el único entrenador en activo en este último equipo que incluso demostró más al sentarse en sus récords estelares y trofeos.

Belichick, la Toma de Decisiones y los New England Patriots

En una entrevista con Suzy Welch de CNBC, Belichick dice que una de las citas que suele recordar a sus jugadores es: *"Toda batalla se gana antes de librarla"*. Belichick dice que ganar un partido requiere una gran preparación con el equipo, así es como se gana una batalla. Está claro que su método de entrenamiento establece una gran cantidad de preparación. Belichick subrayó la preparación cuando dijo: "Las cosas suceden muy deprisa. No tenemos tiempo para que una persona le diga a todo el mundo lo que tiene que hacer. Todo el mundo tiene que saber qué hacer en esas situaciones".

Cuando se le pregunta cómo determina el nivel de preparación del equipo, Belichick dice: *"Cuando todo el mundo sabe qué hacer, es cuando lo sabes." Belichick sabe que la preparación es clave para ganar, y que eso requiere mucho tiempo y perseverancia. Dice: "Toda batalla se gana antes de librarla". [de] Sun Tzu El arte de la guerra. Todo es cuestión de preparación. Sabes lo que haces y tienes una idea de lo que va a hacer el adversario: cuáles son sus puntos fuertes y débiles"*.

Una de las características más notables de Belichick es su capacidad para descubrir el potencial financiero de las personas. A menudo se etiqueta a Belichick como *"El Economista Jefe delFfútbol Americano"*, ya que una de sus grandes habilidades es ver el valor financiero de jugadores infravalorados. Belichick es conocido por poseer una gran disciplina financiera. En una entrevista con PBS. Org, Belichick reveló que se especializó en Economía, y que había ciertos conceptos económicos que utilizaba en la toma de decisiones.

Figura 9. ATLANTA, GEORGIA - 3 DE FEBRERO DE 2019: Tom Brady y los Patriotas de Nueva Inglaterra se enfrentan a los Carneros de Los Ángeles en el Super Bowl 53 en el Mercedes-Benz Stadium en Atlanta, Georgia, el 3 de febrero de 2019.

Antes del siglo XXI, los New England Patriots solían tener poco éxito, hasta que la franquicia disfrutó de un periodo de dominio con Bill Belichick como entrenador.

El Corazón de Belichick por el Deporte

El padre de Belichick fue una de sus grandes inspiraciones. Belichick vio y aprendió este deporte de su padre, Stephen Nickolas Belichick, también jugador, entrenador y ojeador de fútbol americano. Su padre jugó al fútbol universitario en la Western Reserve University, ahora conocida como Case Western Reserve

University, de 1938 a 1940. Su padre también jugó en la NFL con los Detroit Lions en 1941.

El corazón de Belichick late por el fútbol americano. Pero un valor importante que merece la pena emular de Belichick es cómo centra su motivación. No le gustan las posesiones materiales ni las ventajas monetarias como motivación interna. En una entrevista, Belichick dice lo siguiente sobre su motivación para el deporte:

"Ninguno de nosotros se metió en el fútbol para ser jugador profesional. Ninguno de nosotros se metió en el fútbol profesional para ser entrenador profesional o dirigir un taxi o un equipo. Todos los que nos metimos en el fútbol lo hicimos por el juego; porque nos encantaba ir a los entrenamientos, nos encantaba jugar al fútbol cuando teníamos ocho, nueve, diez años."

Esta afirmación demuestra que la motivación de Belichick era su corazón: era su amor por el deporte lo que le impulsaba cada día.

Su amor por el deporte puede atribuirse a sus años de juventud. Belichick siempre recuerda las lecciones que aprendió de su padre. Belichick dice esto cuando se le pregunta por las lecciones que aprendió de su padre: *"Sigue a tu corazón. Si hay algo que amas, y esa es tu pasión cuando eres joven.... hazlo. Deja que todo lo demás se haga solo. No lo hagas por dinero u otra motivación".*

Sobre Entrenar y "Descubrirlo"

Belichick dice que aprendió a entrenar a una edad temprana. Desde muy joven, analiza cómo piensan los entrenadores, el proceso de pensamiento de los entrenadores y su toma de decisiones. A partir de ahí, Belichick aprendió su propio estilo de entrenamiento. Sin embargo, expone que también los ha aprendido de otros grandes entrenadores. Dice que simplemente "lo descubrió" cuando observó los estilos y mentalidades de cada uno de los grandes entrenadores, y los recopiló todos y los personalizó para que funcionaran con el suyo.

"Hay muchos estilos de entrenamiento... cada entrenador tiene una personalidad y unos estilos diferentes, pero para mí, determina lo que funciona para ti. Tomé muchas [lecciones] de todo el mundo y de alguna manera lo resolví. Para mí, en los negocios o en la vida, tienes que descubrirlo".

Principios de Liderazgo y Entrenamiento de Belichick

Para nuestro consumado entrenador, Bill Belichick, su concepto de liderazgo y coaching era sencillo: *"Haz tu trabajo, sé atento, presta atención a los detalles y pon a tu equipo en primer lugar".* Belichick destaca la disciplina como el factor clave para alcanzar la grandeza. "Esto es lo que miramos cada día cuando entramos en el edificio", dice.

Cree que para tener éxito como jugador individual, necesitas compañeros de equipo y es mejor que conectes con ellos. Cuanto mejor conecte un entrenador con sus jugadores, o los jugadores entre sí, mayor será el éxito individual". También cree en un sistema de recompensas. Expone que si una persona hace algo especialmente bueno en el equipo, todos reciben el beneficio.

Belichick cree en la importancia de reforzar el vínculo entre los miembros del equipo, lo que conectará y permitirá al equipo relajarse y vincularse emocionalmente. El equipo también hace team building, según Belichick, para unir a todos, pero "alejan las distracciones", como los dispositivos digitales, como los teléfonos móviles.

Después de cada partido, Belichick tiene por costumbre revisar los errores cometidos por el cuerpo técnico. Cree que el entrenamiento es vital en cualquier partido, ya que "los buenos jugadores no pueden superar un mal entrenamiento". Belichick tiene este principio de entrenamiento: "Algunos jugadores procesan algunas cosas más fácil y rápidamente que otros, y otros procesan las cosas más fácil y rápidamente que otro jugador. Sólo tienes que encontrar ese equilibrio con cada jugador, independientemente del año en el que esté o de la posición en la que juegue. Eso es ser entrenador".

Capítulo 8

Jesucristo:
El Siervo Consumado Entrenador

Jesucristo nació hace más de 2000 años. Lo que empezó siendo la historia de un hombre que hacía milagros y compartía parábolas concluyó con una muerte espantosa. Si avanzamos hasta nuestros días, ahora acumula dos mil millones de seguidores en todo el planeta. La mayor religión de todos los tiempos. La persona más influyente que ha pisado este planeta. El nombre más popular de todos los tiempos. Honrado. Venerado. Adorado.

Pero contradiciendo lo que otros piensan de Jesús, Él no nació en un palacio de reyes. De hecho, sus comienzos *fueron más que humildes*: nació en un pesebre, de padres pobres y humildes, en un pueblo desconocido para el mundo. Conociendo su origen, se le habría considerado un paria. Desconocido. Ordinario. Sin éxito. Insignificante. Un perdedor.

Pero su estilo de coaching o liderazgo tenía un elemento diferente que está considerado entre los mejores, digno de emular. Su estilo va más allá del dominio de Sus 3 elementos (Cabeza, Mano y Corazón). En este capítulo vamos a estudiar con mentes y corazones abiertos por qué y cómo Jesús se elevó al estatus de superestrella, símbolo de la mayor religión del mundo, y creído por los cristianos como el "Rey de reyes y Señor de señores".

Antes de continuar, permítanme dejar las cosas claras para las personas que piensan que Jesús sólo saltó a la fama debido a su singular forma de morir: la crucifixión. No. Tenemos que recordar que la historia habla *de no sólo una, ni dos, ni tres personas crucificadas* en el pasado. La crucifixión romana fue impuesta a miles y miles de personas durante la época de Cristo. Según LiveScience.com, en la antigüedad, decenas y miles de personas fueron crucificadas, lo que en aquel tiempo se consideraba una de las formas más brutales y vergonzosas de morir.

Los Comienzos de Jesús

Si nos fijamos en cómo Jesús saltó a la fama, no se puede atribuir únicamente a su espantosa forma de morir. Gran parte se atribuye, sin embargo, a sus enseñanzas, que aportaron una visión y una dirección diferentes al mundo. Él entrenó a 12 discípulos para difundir estas enseñanzas, dominó Sus 3 elementos en el proceso, y además, involucró otros dos elementos importantes que lo elevaron a convertirse en el máximo líder y entrenador*: la eternidad y el espíritu.*

Figura 10. Jesús envía a sus discípulos, litografía del artista Scheuchl de 1907 en el libro "Zivot Jezisa Krista bozskeho Spasitela naseho", impreso en Trnava.

Entrenadores Consumados: Bill Belichick y Jesucristo

Jesús comenzó el discipulado o entrenamiento a la edad de 30 años, con sólo 12 discípulos. A diferencia de un equipo de fútbol, no había estrategias defensivas ni ofensivas. La regla de Jesucristo era sencilla: difundir la buena nueva del amor, *el espíritu y la eternidad*. Como un pastor a su rebaño, ancló sus enseñanzas únicamente en el amor y la preocupación por los menos afortunados, los enfermos y los pecadores.

Su mensaje de amor -su mensaje central- es uno de los elementos que le impulsaron de principio a fin. Pero el estilo de liderazgo de Jesús era sobresaliente. Cuando la Biblia dice: "Sus caminos no son nuestros caminos", al observar Su liderazgo, efectivamente, Sus métodos eran diferentes y se ejecutaban de forma distinta. De hecho, Sus caminos eran contradictorios a los estilos de liderazgo del pasado y de nuestra generación en el presente. He aquí por qué.

El Estilo de Liderazgo de Servicio de Jesús

Figura 11. Jesús lava los pies a Pedro, fresco de la iglesia de San Mateo en Stitar, Croacia.

El método de liderazgo de Jesús es exactamente el opuesto a la forma de liderar de los líderes de hoy en día. Mientras que la mayoría de los líderes se dejan llevar por la mentalidad de *"estoy en la cima del juego", "soy el mejor" y "me mantendré en la cima"*, ésta no era la idea de liderazgo para Jesús. Su tipo de liderazgo no estaba dirigido a controlar a la gente o a ser autocrático o coercitivo. El estilo de liderazgo de Jesús estaba centrado y fundado en el *liderazgo de servicio*.

En el liderazgo de servicio, Jesús enseñó que para ser un líder, también hay que ser un servidor. Esto se magnificó cuando Jesús lavó los pies de sus propios discípulos.

En el sitio web MindaNews.com, se dice: *"El lavatorio de los pies de Jesús es un acto simbólico para dramatizar su visión del liderazgo: servicio humilde y amoroso. Esta debería ser la motivación subyacente en el ejercicio del liderazgo. Jesús se presenta como modelo y pide a sus discípulos que sigan su ejemplo".*

Por lo general, el liderazgo suele considerarse una posición elevada en la que los siervos siguen y los líderes exigen. Algunos suelen considerar a los líderes como reyes y señores, pero Jesús derribó esta cultura y aportó un nuevo y refrescante significado al liderazgo para que todos lo siguieran: ser un servidor. El liderazgo de Jesús, por tanto, es uno que muestra humildad, respeto y amor, en contradicción con el poder, la fuerza, la fama y la potencia habituales.

Jesús Habla de lo que Más Importa La eternidad

Si hablamos de una experiencia específica de coaching de Jesús, podemos fijarnos en el Libro de Lucas 10:1-12, donde se narra cómo Jesús entrenó a 70 personas para que difundieran la buena nueva. Los resumo a continuación:

Jesús designó a otras setenta y dos personas y las envió de dos en dos delante de él a todas las ciudades y lugares adonde iba a ir. A los setenta les dijo: "La mies es mucha, pero los obreros pocos. Rogad, pues, al Dueño de la mies que envíe obreros a su mies. Id. Os envío como corderos en medio de lobos. No lleváis bolso, ni alforja, ni sandalias; y no saludéis a nadie por el camino".

Jesús tenía una regla para los discípulos. Como un carruaje, también expuso el plan maestro y lo intrincado de las cosas que había que hacer, paso a paso.

Cuando uno entra en una casa, Jesús les indicó que primero dijeran: "Paz a esta casa". Si alguien, según Jesús, que promueva la paz está allí, tu paz descansará sobre ellos; si no, volverá a ti. Entre las demás reglas estaban: "Quédate allí, comiendo y bebiendo lo que te den, pues el trabajador merece su salario. No os mováis de casa en casa".

Jesús continuó diciendo: "Cuando entréis en un pueblo y os reciban, comed lo que os ofrezcan. Curad a los enfermos que estén allí y decidles: *'El Reino de Dios se ha acercado a vosotros'*. Pero cuando entréis en una ciudad y no os reciban, id por sus calles y decid: 'Hasta el polvo de vuestra ciudad limpiamos de nuestros pies como advertencia para vosotros'. Pero estad seguros de esto: El Reino de Dios se ha acercado. Os digo que ese día será más soportable para Sodoma que para esa ciudad'".

Liderazgo: Dar Afirmación

Jesús tenía un hermoso enfoque para entrenar a sus 70 discípulos. Mark D. Roberts escribió esto en su artículo publicado en el sitio web del Centro Fuller Du Pree para el Liderazgo que resume la belleza del estilo de entrenamiento de Jesús:

Lucas no describe lo que sucedió cuando los setenta salieron a hacer lo que Jesús les había encomendado. Sin embargo, tenemos un fragmento del informe que le dieron a Jesús cuando regresaron de su viaje misionero. "Señor", dijeron, "en tu nombre, ¡hasta los demonios se nos someten!". (Lucas 10:17).

La respuesta de Jesús a estos discípulos no es la que cabría esperar. Nada de "Buen trabajo" ni de chocar los cinco. Más bien, Jesús dijo: "He visto a Satanás caer del cielo como un rayo. Mirad, os he dado autoridad para pisar serpientes y escorpiones, y sobre todo el poder del enemigo, y nada os hará daño. Sin embargo, no os alegréis de que los espíritus se os sometan, sino alegraos de que vuestros nombres estén escritos en el cielo" (Lucas 10, 18-20).

Al desentrañar este extraño dicho de Jesús, lo vemos en el papel de un entrenador. Al principio, pronuncia palabras de afirmación. Cuando sus discípulos ejercían autoridad sobre los demonios, Jesús "vio" la derrota de Satanás. Podía sentir en su espíritu que el reino de Satanás estaba llegando a su fin a medida que sus seguidores derrotaban a los secuaces de Satanás. Era como si Jesús dijera: "Lo que experimentaste fue en realidad mucho más que demonios sometiéndose a ti. Esto fue evidencia de la caída eterna de Satanás". Esa es una afirmación bastante fuerte si me preguntas.

Sin embargo, Jesús no se limitó a afirmar a sus discípulos. También los corrigió y reorientó. Sí, los espíritus estaban sometidos a su autoridad. Pero mucho más importante que esto era el hecho de que los nombres de los discípulos estaban "escritos en el cielo" (Lucas 10:20). Esto significaba algo más que la salvación de sus almas. Tener sus nombres en el Libro de la Vida significaba una relación permanente con Dios. Y esto, dijo Jesús, es una razón fantástica para alegrarse.

Cuando considero la afirmación y la corrección ofrecidas por Jesús como entrenador, me impresiona lo que Él insta a sus discípulos a valorar por encima de todo. Más allá del rendimiento, incluso de las impresionantes demostraciones de poder espiritual, lo que más importa son las relaciones. Eso no quiere decir que no debamos alegrarnos cuando somos capaces de servir al Señor de formas tangibles. Pero en nuestra sociedad impulsada por el rendimiento, podemos fácilmente dejar que lo que hacemos para Dios importe más que nuestra relación con Dios. Jesús nos entrena para que nos preocupemos sobre todo por el hecho de que pertenecemos a Dios por la eternidad.

Cuando lo hagamos, nuestra alegría no dependerá de nuestro éxito, sino del amor de Dios que nunca nos abandona.

El Liderazgo: Ver el Potencial de lo Ordinario

Si hay algo que nuestros dos consumados entrenadores tienen en común, eso sería su previsión de las oportunidades y su visión del potencial de las personas. Cuando Belichick comenzó a trabajar como entrenador de los Patriotas de Nueva Inglaterra, el equipo no tenía un historial impresionante. El equipo era un tapado, bastante insignificante y, en general, poco exitoso. Pero Belichick tuvo una idea. Vio el potencial del equipo y de sus jugadores.

Jesús también tenía una forma diferente de elegir a su equipo de 12 discípulos. Su selección fue considerada irrisoria para muchos en aquella época - eligió a un grupo de pescadores, y a un recaudador de impuestos para que se convirtieran en su "Equipo de Discípulos". Eran personas que ni siquiera tenían el don de hablar en público o de escribir. Sus discípulos eran personas corrientes que viven día tras día buscando dinero para alimentar a sus familias, sin preocuparse por su potencial o habilidad, o talento. Este grupo no pertenece a la alta sociedad. No tienen ninguna habilidad especial.

Pero Jesús vio su potencial. Vio sus corazones. Vio la voluntad de sus discípulos y los trajo con Él para que crecieran. ¿Qué tan efectivo fue? Bueno, teniendo en cuenta que la religión cristiana representa el 31% de las religiones del mundo y es la mayor del mundo, la selección fue perfecta.

El Liderazgo: Una Misión de Sacrificio

La época de Jesús no era como la nuestra, en la que la libertad de expresión está ampliamente aceptada y, de hecho, se fomenta. Jesús y sus 12 discípulos tuvieron que arriesgarse a difundir el mensaje de Jesús, ya que se considera algo "contra la tradición" o contra las creencias religiosas. Esto hizo que Jesús fuera extremadamente odiado y despreciado por los fariseos de la época, lo que finalmente provocó que fuera crucificado, todo por sus enseñanzas.

Pero Jesús sabía que tenía que soportar y aceptar su destino. Predijo su muerte. Sabía que la muerte forma parte de Su misión. De hecho, es su única misión.

En el Evangelio de Marcos, que generalmente se considera el más antiguo, escrito alrededor del año 70, Jesús predice su muerte tres veces, según consta en la Biblia. En Marcos 8:31-33 dice: "Entonces comenzó a enseñarles que era necesario que el Hijo del Hombre padeciera mucho y fuera desechado por los ancianos, los sumos sacerdotes y los maestros de la ley, y que fuera muerto y resucitara a los tres días. Hablaba claramente de esto, y Pedro se lo llevó aparte y empezó a reprenderle.

Pero cuando Jesús se volvió y miró a sus discípulos, reprendió a Pedro. "Apártate de mí, Satanás", le dijo. "No tienes en mente las preocupaciones de Dios, sino preocupaciones meramente humanas".

Más versículos en la biblia, incluyendo Marcos 9:30-32, y 10:3234 narran la propia predicción de Jesús sobre su muerte. La muerte de Jesús es el propósito de la misión, un final. Fue un sacrificio final y el pago de la deuda de los pecados.

Por lo tanto, se puede afirmar que Jesús dirigió una misión que pondría fin a su vida. Imagínese a un entrenador que entrenara a Sus discípulos para hacer lo que causaría detrimento a Su vida.

La razón es que el liderazgo de Jesús no es sólo *un liderazgo de servicio, sino también un liderazgo de sacrificio.*

Capítulo 9

Belichick y Jesús:
Las Características de los Entrenadores Consumados

En los primeros capítulos de este libro, aprendimos que se necesitan 3 elementos para convertirse en un entrenador consumado. También hicimos paralelismos de las características de un entrenador frente al agua. También determinamos la personalidad de un pastor y cómo se relaciona con la vida y los modos de un entrenador consumado. Evaluando la vida de nuestros dos entrenadores consumados -Jesucristo y Bill Belichick-, ¿qué los convierte en los entrenadores consumados ideales según nuestras definiciones?

No se puede negar que Jesús y Belichick usaron sus 3 elementos - *Cabeza, Corazón y Mano* - en su búsqueda por alcanzar sus metas individuales.

En este capítulo, vamos a hacer una evaluación final de las diversas características de nuestros entrenadores consumados en relación con nuestra definición.

Belichick: el Personaje del Agua y el Pastor

Analicemos la personalidad de Belichick: Belichick no posee una personalidad carismática. Mucha gente lo considera alguien distante con el público. Evita a los medios de comunicación. No es un orador natural. Es un hombre de pocas palabras, pero sólo dice palabras cortas pero significativas.

En cuanto a las características de *polaridad y solvencia* (o la capacidad del agua para transformarse en sólido, líquido y gaseoso, o la capacidad del entrenador para adaptarse a distintos grados de desafíos en su entorno), Belichick se toma muy a pecho estas características, y eso se nota en su vida.

Esta característica de Belichick se magnifica en su forma de hacer las cosas, y en el significado que hay detrás de las palabras que enseña a sus miembros: En la puerta por la que los jugadores entran y salen habitualmente, hay unas breves declaraciones impresas. Algunas se colocan en el lateral al entrar y otras en el lateral al salir. Una cita destaca en la puerta del equipo y dice: *"Ignora el ruido"*.

Debo decir que cuando uno conoce la habilidad de ignorar el ruido a su alrededor, esa persona es realmente alguien que domina la firmeza. Sabe que cuando el mundo habla, uno es firme para no hacerle caso y evitarlo, ya que podría distraerle. Para Belichick, ésta es la manera de que su equipo no se pierda a sí mismo, su identidad.

Belichick sabe que cuando uno empieza a escuchar las críticas (o incluso las alabanzas) del mundo, pierde la capacidad de poseer esas características polares y solventes debido a la tendencia de algunos a vivir sus vidas y decidir las cosas en función del "ruido" del mundo. Recuerda que si uno posee las características polares y solventes, puede congeniar bien con su entorno e incluso con los "elementos diferentes" que le rodean. Pero "ignorar el ruido" no significa no escucharlo. Para Belichick, seguimos escuchando, pero sabemos cuándo y cómo ignorarlo mientras ponemos los ojos en el objetivo.

En esto consisten exactamente las características polares y disolventes del agua. El agua actúa como disolvente polar porque puede ser atraída por la carga eléctrica positiva o negativa de un soluto, según las circunstancias. Pero al final, independientemente de hacia dónde se sienta atraída, el agua se mantiene en su identidad.

Volviendo atrás, ¿por qué le preocupa a Belichick el "ruido"? Cuando oímos el ruido a nuestro alrededor -negativo o positivo-, o uno se desmotiva o se vuelve demasiado orgulloso de sí mismo. Ambas situaciones acaban con la posibilidad de perderse. Belichick quiere que sus jugadores nunca pierdan su identidad. Solvencia o Polaridad es ser capaz de combinarse con cualquier otro elemento, y ser flexible con los factores ambientales. Recuerda, el agua siempre será agua.

Otra historia dice mucho del corazón de Belichick. Henry Mckenna, reportero de la AFC Este, escribe: "Durante la temporada, el entrenador de los Patriots celebra reuniones semanales en su despacho, incluidos los martes para el quarterback titular y los viernes para los capitanes del equipo. Esas sesiones están bloqueadas y planificadas para maximizar la conversación para la enseñanza y la colaboración. Pero Belichick no quiere que los jugadores sientan que no pueden acceder a él fuera de esas reuniones. Por muy intimidante que Belichick pueda parecer en el campo o en las ruedas de prensa, los jugadores se han dado cuenta de que pueden entrar y charlar con él casi en cualquier momento.

Sobre cualquier cosa.

Así que tenía curiosidad por saber qué jugadores se han acercado a Belichick y por qué. Porque Belichick está ahí para sus chicos. Obviamente, siempre está dispuesto a hablar de fútbol. Pero también está ahí para los jugadores que necesitan hablar de matrimonio, paternidad, hermandad, racismo sistémico, arrodillarse durante el himno nacional y las protestas de George Floyd.

Como ven, nuestro consumado entrenador posee el carácter de un buen pastor. Ha demostrado su amor y preocupación por sus jugadores y a menudo se presenta como un padre para ellos. También posee la *capacidad de reflexión* al asegurarse de que sus jugadores se vean reflejados en él, permitiéndoles hablar libremente de lo que les apetezca. Se produce una verdadera interacción de persona a persona, se derriban las barreras de la comunicación y Belichick hace gala de una calidad de entrenador consumado.

En varias ocasiones, Belichick también mostró su amor paternal por sus miembros. Cuando el entonces coordinador ofensivo

Josh McDaniels perdió a su padre, Belichick hizo hincapié en la importancia de la familia.

"Fue increíble", dijo McDaniels a FOX Sports. "Todo lo que hizo fue asegurarse de que todo estaba bien por nuestra parte y si había algo más que necesitara de él, 'Hazme saber qué es'. Y, 'Hey, si hay algo que los niños necesitan, hágamelo saber lo que es'. Y no estaba bromeando. Todo era real".

Como un pastor con su rebaño, Belichick se aseguró de ayudar a los perdidos. Sin duda, un verdadero líder con corazón.

Jesús: Personaje de Agua y Pastor

Jesús sí obtuvo todas las marcas de verificación: fue un *excelente solvente* que se ajustó a las diversas tribulaciones de su vida. A pesar de ello, nunca flaqueó, más bien se mantuvo centrado. Tenía el *carácter de la polaridad* al cenar con los pecadores y hacer que permanecieran cerca de Él a pesar del juicio de los fariseos; es innegable que es una *fuente de vida*, que proporciona al mundo la luz definitiva contra las tinieblas al compartir la salvación y el camino a la Eternidad.

Pero no fue sólo la vida de Jesús la que podemos poner en paralelo con un entrenador consumado. También su muerte mostró el carácter de un entrenador consumado.

Permítanme volver a una de las definiciones de la solvencia del agua: La gran capacidad del agua para disolver una variedad de moléculas le ha valido la designación de "disolvente universal", y es esta capacidad la que hace del agua una fuerza tan inestimable para mantener la vida.

Jesús, en cambio, lo dio todo. Su vida, incluida. Dar su vida no significó perderlo todo o devaluar lo que Él es. Él sigue siendo Jesús. Cuando resucitó tres días después de su muerte, quedó claro que Él es un "disolvente universal", una fuerza que mantiene la vida, capaz de disolver una variedad de fuerzas que se cruzan en su camino.

A nivel biológico, el papel del agua como disolvente ayuda a las células a transportar y utilizar sustancias como el oxígeno o los nutrientes. Del mismo modo, la muerte de Jesús también se convirtió en un vehículo para que los pecadores como nosotros se vitalizaran y se reunieran con el elemento más importante: Dios. Debemos tener en cuenta que antes de que Cristo viniera a la vida, Dios es visto como el castigador del mundo. El castigo por el pecado era la muerte. Cuando en Sodoma y Gomora (Génesis 18-19) hubo una iniquidad implacable, el fuego de los cielos quemó toda la ciudad.

El Antiguo Testamento registra estas matanzas masivas. Estas matanzas fueron hechas a causa de la injusticia. Podemos ver a continuación las diferentes referencias bíblicas que lo apoyan:

1. El Diluvio - Escrito en Génesis 6-8
2. Los primogénitos egipcios durante la Pascua - Escrito en Éxodo 11-12.
3. Los cananeos bajo Moisés y Josué - Escrito en Números 21:2-3; Deuteronomio 20:17; Josué 6:17, 21
4. Los Amalecitas aniquilados por Saúl - Escrito en 1 Samuel 15

Pero cuando Cristo vino, trajo un Nuevo Testamento entre Dios y el hombre. Jesús, el Hijo de Dios pagó la deuda del pecado que la humanidad debía soportar. Se dio amor. Se mostró misericordia.

Si el agua no es suficientemente solvente, el oxígeno y los nutrientes de cualquier forma de vida no serán transportados a sus diferentes partes donde sea necesario; de lo contrario, la muerte es el camino a seguir para todos los seres vivos. Y si Cristo no fuera *un disolvente universal,* la muerte habría sido la única opción.

Pero Cristo llevaba el sombrero de pastor. Vino a la tierra a buscar a la oveja perdida para garantizarnos la vida eterna. Él encontrará a la oveja perdida cueste lo que cueste, incluso si eso significara Su propia vida.

Capítulo 10

Liderazgo

Como representante del estado durante años, he llegado a conocer los diversos estilos y técnicas de liderazgo o coaching a partir de diversa literatura y experiencias de mis años de estudio y exposición a líderes y compañeros legisladores. Trabajando con el gobierno, a menudo buscamos resolver una variedad de asuntos y problemas en nuestro estado empezando por las comunidades. Revisar viejas leyes y crear otras nuevas en beneficio de todos.

Aunque aprobemos y revisemos leyes, lo más importante es su aplicación, que da "dientes" a las leyes creadas o revisadas. Sin duda, por perfecta que sea una ley, esa ley carece de fuerza sin la existencia de un buen liderazgo. El liderazgo que promueve la honestidad, la verdad, el altruismo y la compasión es el que produce cambios y, en efecto, transforma vidas. El liderazgo es lo que armoniza la aplicación de las leyes.

Tanto si un líder nace como si se hace, es vital que los líderes y los aspirantes a líderes tengan un modelo de liderazgo, alguien que les sirva de mentor y de ejemplo para crear los cambios que queremos que se produzcan a nuestro alrededor. Cuando seamos capaces de engendrar nuevos buenos líderes, nos convertiremos en una nación aún más fuerte. Recuerden, *que los entrenadores consumados engendran entrenadores consumados. Del mismo modo, los buenos líderes engendran buenos líderes.*

En este capítulo, quiero que veamos las características del liderazgo, particularmente el de Jesucristo, mientras hacemos una comparación de Su liderazgo con los estándares de los líderes mundiales. ¿Qué hace que Su liderazgo sea diferente a nuestros propios estándares de liderazgo?

Jesús: Un líder Sobresaliente

Todo líder tiene un líder modelo. Un líder copia su estilo de liderazgo a ese modelo. Los estilos, técnicas y métodos de liderazgo suelen duplicarse. No hay nuevos estilos de liderazgo. Sólo se mejora cada vez que se transmite, pero el núcleo sigue siendo el mismo. Lo importante para nosotros es que, como los estilos de liderazgo se transmiten de una generación a otra, es importante tener buenos mentores o los mejores ejemplos de líderes actuales -y me refiero a los de esta generación-, porque los líderes posteriores a nuestra generación pronto volverán la vista a nuestros estilos de liderazgo y los copiarán.

Entonces, ¿qué deben hacer los líderes actuales? Debemos fijarnos en las mejores prácticas de los líderes del pasado, y estamos ante un buen comienzo.

¡No tenemos que ir demasiado lejos! Fijémonos en el liderazgo de nuestro entrenador consumado: Jesucristo. Katie Taylor escribió esto en la plataforma en línea de World Vision sobre lo que hace que el liderazgo de Jesús sea diferente al de los políticos y yo lo adopté aquí:

Podemos buscar en Jesús ejemplos de liderazgo sabio y amoroso. Pero Jesús es tan diferente de muchos líderes terrenales que parece una tontería compararlos, especialmente cuando la comparación más importante es entre Jesús y nosotros mismos. ¿Estamos diciendo la verdad? ¿Damos a Jesús todo nuestro corazón? ¿Valoramos a los demás? ¿Actuando con compasión y perdonando mucho más a menudo de lo que nos gustaría?

Ninguno de nosotros lo hace todo bien. Pero la temporada electoral nos ofrece muchas oportunidades para practicar. Podemos decir la verdad con amor y valorar a las personas tachadas de inútiles, que nos tratan mal, e incluso a las personas que no están de acuerdo con nosotros. Podemos dejar que nuestra compasión, en lugar de nuestro deseo de tener razón, motive nuestras acciones. Podemos perdonar, incluso antes de que nos lo pidan. Podemos ser como los líderes que queremos ver.

Porque no importa quién salga elegido, lo que más importará es a quién permitimos que gobierne nuestros corazones. En esa carrera, sin duda recomendamos apuntarse a Jesús.

He aquí seis maneras en que Jesús es diferente de los líderes de hoy, y lo que esas diferencias nos enseñan.

1. **Jesús siempre dice la verdad.**

¿Recuerdas cuando Jesús llama a los fariseos «cría de víboras» (Mateo 12:34)? Ay. Palabras duras. Los fariseos tenían una gran influencia religiosa, ¿no habría sido una mejor estrategia moderarse un poco? Pero Jesús dice la verdad sin miedo a las repercusiones. Le preocupa compartir su mensaje, no ganar apoyo político.

Jesús tampoco utiliza verdades contundentes para provocar la ira de la gente que ya está de su lado. No busca el momento "te pillé" ni la "bomba de la verdad". Tanto si le beneficia como si no, e incluso si le hace perder partidarios, dice la verdad. Porque la verdad, sin diluir, es lo que nos hace libres.

Recemos para que nuestros líderes actuales y futuros tengan la fuerza de decir la verdad con amor, incluso cuando pueda resultar costoso.

2. **Jesús pide más y ofrece más.**

A todos nos gusta lo fácil, y las personas que buscan el poder a menudo basan sus campañas en facilitarnos las cosas. "Vota por mí: Tus preocupaciones serán atendidas y tus problemas resueltos". Aunque en el fondo sepamos que no puede ser tan sencillo, lo fácil puede ser una oferta atractiva.

Pero aunque Jesús dice que su yugo es fácil y su carga ligera (Mateo 11:30), su plan tiene una cuota de inscripción muy alta. Dice: "El que quiera ser mi discípulo, que se niegue a sí mismo, que cargue con su cruz y me siga" (Mateo 16:24).

"Toma tu cruz" sería un eslogan de campaña horrible. Nadie lo aceptaría. Pero Jesús juega a largo plazo; juega por la eternidad.

La recompensa es grande, aunque el camino sea duro. Pero él nos recuerda que vale la pena: "¿De qué le sirve a uno ganar el mundo entero, si se pierde o se pierde a sí mismo?". (Lucas 9:25). Jesús nos ofrece una eternidad llena de gozo con Él, pero no a cambio de un voto o de un determinado porcentaje de nuestro corazón. Quiere más que eso: quiere todo nuestro corazón, nuestra alma, nuestra mente y nuestra fuerza.

Que nuestro compromiso con Jesús sea mucho mayor que nuestro compromiso con los líderes terrenales, incluso cuando seguirle sea difícil.

3. **Jesús nos valora más.**

¿Por qué está dispuesto Jesús a decirnos que nos neguemos a nosotros mismos y le sigamos? Porque nos ama, y eso es lo que se necesita para tener una relación con él. A diferencia de un candidato político, Jesús no necesita nuestro apoyo; quiere nuestra compañía. Quiere disfrutar de la vida con nosotros, empezando aquí en la Tierra y continuando hasta la eternidad. No es una oferta que nuestros líderes terrenales puedan igualar.

Jesús nos valora tanto que pagó nuestra deuda de pecado con Su muerte. Pablo nos dice: "Por el gozo puesto delante de él sufrió la cruz, menospreciando su oprobio..." (Hebreos 12:2). El gozo de la comunión con nosotros fue mayor para Él que el dolor de la cruz.

Y no se detiene ahí. Sigue buscándonos, sigue llamándonos. No se le puede detener, porque Su amor por nosotros es implacable.

En la temporada de elecciones, podemos recordar el gran amor de Jesús por la humanidad y dejar que eso guíe y dirija nuestras interacciones con los demás.

4. **Jesús nos valora a todos.**

Probablemente todos hemos experimentado el tipo de líder que busca rodearse de personas influyentes, con la esperanza (no imprudente) de que algo de esa influencia se le pegue. Si buscas tener influencia en la Tierra, juntarte con los listos, los guapos y los ricos es una buena estrategia.

Pero Jesús no actúa así. Él no sólo pasa tiempo con la gente que el mundo rechaza, sino que también va en su busca. Busca a los marginados, a los pobres, a los enfermos, a los débiles y a las personas consideradas "despreciables": esa es la gente con la que Jesús quiere pasar el tiempo.

La historia de Zaqueo es un bello ejemplo de ello (Lucas 19). Zaqueo es un recaudador de impuestos despreciado que trabaja para el gobierno romano, un tramposo y un pecador. Como no es lo suficientemente alto para ver por encima de la multitud, Zaqueo tuvo que subirse a un árbol para poder ver a Jesús. Si alguien se hubiera fijado en Zaqueo, habría esperado que Jesús pasara de largo.

Pero Jesús llama a Zaqueo por su nombre. Lo ve en el árbol y le dice que quiere estar con él. A partir de ese momento, la vida de Zaqueo cambia: se arrepiente de su pecado y promete compartir su riqueza. Ese es el poder de ser valorado por Jesús.

Como siempre, rezamos y abogamos para que nuestros líderes se acuerden de los más vulnerables entre nosotros -los pobres, los enfermos, los refugiados- y busquen formas de darles poder. *Pide a tus líderes que se acuerden de los niños vulnerables.*

5. **Jesús está motivado por la compasión.**

Nuestros líderes pueden crear un cambio asombroso cuando permiten que la compasión les motive a la acción. La mayoría de nosotros podemos entender lo que es sentirse obligado a actuar por compasión: Vemos a gente sufriendo y queremos ayudar.

Pero Jesús es el campeón de la compasión. Deja que la compasión le estropee los planes, frustre a sus seguidores y desequilibre su vida laboral.

Lo vemos claramente justo después de la muerte de Juan el Bautista. Jesús se retira a un lugar apartado para estar solo (Mateo 14:13). A menudo rodeado de multitudes, Jesús quería estar solo tras la muerte de alguien importante para él. Pero las multitudes se enteraron de su viaje y, en lugar de dejarle espacio, le siguieron y le rodearon, deseosas de satisfacer sus propias necesidades.

Cuando ya estamos cansados o tristes, lo último que queremos es enfrentarnos a las exigencias de los demás, y a menudo reaccionamos con dureza. Pero Jesús miró a la multitud y "se compadeció de ellos y curó a sus enfermos" (Mateo 14:14). Dejó de lado sus propias necesidades para atender a los demás, no porque tuviera que hacerlo, sino porque su compasión le impulsó a hacerlo.

6. **Jesús perdona.**
Lamentablemente, el perdón no siempre es ventajoso para nuestros líderes. Piensa en los debates, donde vemos a los candidatos recordar cada vez que cometieron un error, se expresaron mal o emitieron un voto impopular. Un candidato saca a relucir el error de su oponente y viceversa, y parece que quien haya memorizado la lista más larga de pecados ganará la partida. Los errores se utilizan para condenar y destruir.

Tenemos que pedir cuentas a nuestros líderes, pero el verdadero arrepentimiento debe ir acompañado de un verdadero perdón. Ese tipo de perdón nos libera para ser las personas que Dios creó.

En el libro de Mateo, vemos a Pedro tratando de ser generoso al preguntarle a Jesús si debía perdonar a alguien "hasta siete veces" (Mateo 18:21). Jesús le sorprende contestándole que no debe perdonar siete veces, sino "setenta veces siete" (Mateo 18:22). Básicamente, por mucho que pensemos que debemos perdonar, debemos perdonar más.

Jesús no perdona para "ser amable" o porque sea lo socialmente aceptable, perdona para liberar a la gente. No quiere que nada impida a la gente vivir la vida en toda su plenitud (Juan 10:10).

Que valoremos a los líderes que están dispuestos a perdonar, y que los perdonemos y no guardemos rencores que hacen crecer la amargura.

Jesús ha establecido una hoja de ruta perfecta que los líderes y entrenadores deben seguir. Su vida nos dejó la imagen de un líder consumado - un líder compasivo y perdonador que valora a cada miembro de su manada. Es el liderazgo que ejemplificó lo que es el núcleo mismo de la humanidad: el amor. Este tipo de liderazgo anclado en el amor es el que Jesús también quiere que vivamos. En nuestro día a día, Jesús quiere que difundamos sus enseñanzas de amor a todas las personas con las que entremos en contacto. Cuando aprendemos a caminar en estas características, estamos listos para convertirnos en líderes o individuos consumados.

Recuerda, *los entrenadores consumados engendran entrenadores consumados.*

Capítulo 11

¿Y qué?

Ahora que hemos hablado de las vidas de nuestros dos consumados entrenadores, veamos cómo sus vidas pueden influir en la nuestra.

El primero vive en el presente, ganó influencia y fama con pequeños comienzos y se convirtió en un icono del deporte, pero se mantuvo en medio de la fama y la fortuna con humildad y respeto por las personas. El otro nació hace más de 2000 años y creó un modelo de liderazgo para que el mundo lo viera. Nació en la pobreza, pero alcanzó la fama y el señorío.

Uno es nombrado el mejor entrenador de todos los tiempos. Al otro se le nombra la persona más influyente que ha pisado esta tierra y fundó la religión más grande del planeta.

En efecto, hay mucho que hablar de estas dos personalidades. Pero una cosa es cierta hoy en día: sus vidas definieron lo que es realmente un entrenador consumado. Ambos utilizaron la *Cabeza, el Corazón y la Mano en el proceso,* ambos poseían las valiosas características del agua y ambos desempeñaron bien su papel de pastor de su rebaño.

Este libro ha profundizado en cada uno de nuestros entrenadores. Pero, ¿y ahora qué? Uno puede decir: "De todos modos, yo no puedo ser un entrenador consumado". "No estoy tan dotado, no estoy llamado al servicio". "No soy un elegido". "Simplemente no puedo ser un líder". "No he nacido para las grandes cosas". ¿Qué sentido tendrá para mí la vida del entrenador consumado?

Bien es cierto que el coaching y el liderazgo son exclusivos de unos pocos elegidos en nuestra sociedad. No todos los que pisan la faz de este planeta llegarán a ser coaches o líderes, más aún, coaches consumados. Sólo los elegidos asumirán enormes responsabilidades. Por lo tanto, un gran porcentaje de nuestra población dependerá de la *enseñanza, la formación y la capacidad de decisión* de entrenadores y líderes. Nuestro propio mundo, de hecho, está actualmente moldeado por las decisiones de nuestros líderes, nuestros jefes, nuestros funcionarios políticos y nuestros líderes comunitarios. El destino de nuestro mundo depende de un grupo selecto de personas.

Pero la buena noticia es que, cuando personificamos las características del entrenador consumado en nuestras vidas, sólo hace falta que una vida se inspire y se conmueva, y dejaremos una huella que posiblemente pueda cambiar no sólo la vida de alguien, sino el destino del mundo entero.

Al igual que Belichick ve el potencial de los demás, nosotros debemos practicar la mentalidad de ver el potencial de los demás, el potencial de los más jóvenes que nos rodean. Ellos también podrían convertirse en líderes de su generación. Enseñarles los valores de los que hemos hablado hoy podría influir en el mundo en el futuro.

Personifica al Entrenador Consumado en tu Alma

En mi otro libro *"Emprendedores extremos: Steve Jobs y Jesucristo"* hablé de la definición e importancia de nuestra alma:

"Lo intangible que nos hace ser quienes somos como personas, animales o plantas. Es la fuerza que nos mueve a la acción, el árbitro de las emociones, la fuente de inspiración, la vacilación o el rebote en nuestro paso, la balanza que nos mantiene en equilibrio y la voz que nos mantiene motivados o no". Según John Ortberg en Soul Keeping, tu alma es tu "youness". Richard Rohr, en Falling Upward, dice: "Tu alma tiene muchos secretos. Sólo se revelan a quien los quiere y nunca se nos imponen por completo".

En esta definición, podemos decir que nuestra alma es la directora de nuestras vidas. Nos dirige hacia lo que queremos hacer, nos da una idea de lo que debemos hacer y nos reta a hacer lo que es correcto. Es el núcleo de nuestra persona. Está conectada con nuestra mente.

De hecho, nuestra mente está interconectada con el alma, porque lo que la mente piensa, el alma lo percibe. En los capítulos anteriores, compartí la cita: *"La mente es el teatro del alma"*. Así pues, cuando personificamos las características de nuestros entrenadores consumados, no sólo debe salirnos del corazón. Pensamos como ellos. Cuando lo hacemos, nos adentramos en lo más profundo de nuestra alma y de nuestra persona, y la hacemos coincidir con las características de nuestros entrenadores consumados.

Imagina que vivimos nuestras vidas siguiendo el modelo de nuestros entrenadores consumados, Jesús y Belichick. Podemos emular sus caminos y ponerlos en los nuestros. Podemos utilizar sus estrategias y estilos de liderazgo y aplicarlos en nuestros hogares, en nuestras oficinas y en nuestras interacciones con nuestros compañeros de trabajo, nuestros vecinos o colegas.

Si observamos la figura anterior, colocamos nuestra alma en el centro porque nuestra alma nos impulsará a la acción. Cuando nos rodeamos de las características de nuestros entrenadores consumados, las vivimos y las llevamos en el corazón, adquirimos la capacidad de personificar a los individuos que estudiamos.

El trabajo duro y la perseverancia son valores que debemos esforzarnos por alcanzar cada día. Cuando alcanzamos nuestro éxito individual, practicamos la *humildad*. Aspiramos a *crecer cada día, nos ponemos el listón muy alto* y no nos conformamos con nuestra zona de confort.

Como el agua, somos *valiosos, pero no somos caros*. Nos desbordamos y estamos dispuestos a compartir nuestras habilidades con los demás porque tenemos la capacidad de la *solvencia, de la polaridad*, y somos una fuente de vida. Como Jesús, estamos dispuestos a echar una mano a quien necesite nuestra ayuda porque personificamos la dulzura. *Pero también podemos ser poderosos*. Cuando nos oprimen, luchamos y defendemos la verdad. Reunimos continuamente nuestros conocimientos para mejorar nuestras habilidades y afilar nuestra *Cabeza*, y también les damos un buen uso práctico a través de nuestra *Mano*. Nuestras manos traen constantemente buenos frutos y siempre están dispuestas a extenderlos a quienes nos necesitan y a retribuir a quienes nos allanaron oportunidades.

En todo lo que hacemos, alimentamos con nuestro Corazón la compasión, el amor, la preocupación por los necesitados, la voluntad de sobrevivir; la pasión por el éxito; el logro de nuestros objetivos vitales. Cuando lo hacemos, podemos convertirnos en nuestro propio entrenador consumado. Personifiquemos a nuestros entrenadores consumados.

Poco a poco, *construiremos nuestra propia vida* consumada a partir de las habilidades y características de nuestro *entrenador consumado*. Esto se reflejará en el exterior para que las personas que nos rodean sientan y vean su luz. Entonces se multiplica.

Sé como Bill Belichick. Sé como Cristo.

www.ingramcontent.com/pod-product-compliance
Lightning Source LLC
LaVergne TN
LVHW041539060526
838200LV00037B/1057